NLP 高效沟通法

尚致胜 著

中国纺织出版社有限公司
国家一级出版社
全国百佳图书出版单位

内 容 提 要

生命品质取决于沟通品质，沟通无所不在，是我们获取成功与幸福人生的必备能力。沟通不仅是人的基本需要，还是一门深奥的学问。这本书以故事的形式阐述了高效沟通的具体技术与方法，将工作与生活中所遇到的沟通的障碍与难题一一进行探讨与解答。

作者用浅显易懂、生动有趣、贴近生活的实际情境与案例，让读者学习如何发挥强大的沟通力与影响力，使自己成为一个人见人爱、左右逢源的沟通高手。本书轻松易读、简单实用，能让读者快速掌握沟通技巧，以提升事业与生活质量。

图书在版编目（CIP）数据

NLP高效沟通法 / 尚致胜著. —北京：中国纺织出版社有限公司，2020.10（2021.2重印）

ISBN 978-7-5180-7910-0

Ⅰ. ①N… Ⅱ. ①尚… Ⅲ. ①心理交往—通俗读物 Ⅳ. ①C912.11-49

中国版本图书馆CIP数据核字（2020）第179952号

责任编辑：顾文卓　　责任校对：高　涵　　责任印制：储志伟

中国纺织出版社有限公司出版发行

地址：北京市朝阳区百子湾东里A407号楼　邮政编码：100124

销售电话：010—67004422　传真：010—87155801

http://www.c-textilep.com

中国纺织出版社天猫旗舰店

官方微博http://weibo.com/2119887771

北京通天印刷有限责任公司印刷　各地新华书店经销

2020年10月第1版　2021年2月第2次印刷

开本：710×1000　1/16　印张：11.5

字数：88千字　定价：45元

前　言

PERFACE

毫无疑问，这是一个资讯时代，新闻、娱乐和文化充塞着我们每一天的生活，网络的繁荣和资讯的轰炸，使我们误以为我们一直都在享受一流的沟通。似乎沟通就是用电脑网络把信息传送到世界各地，或是每天坐在电脑前收一些冰冷的邮件。直到有一天，我们中的一些人因为每天坐在电脑前的时间太长，连说话的能力都有点退化的时候，我们才忽然明白，原来真正的沟通正在因为资讯时代的来临离我们越来越远，而我们的生活品质也在因为我们日渐萎缩的沟通能力而持续下降。

沟通无处不在。每一天，你所做的每一件事情都与它有直接或间接的关系。或许，你还一直耿耿于怀于那次恋爱的失败，你总觉得对方是因为你的家境不好、收入不够丰厚才离开你的。其实，很有可能造成那种结果最重要的因素只是你没有足够的沟通能力，你不懂得怎样处理你们之间的关系，缓解冲突或是矛盾，不懂得怎样好好地经营一段感情。如果你具备了一流的沟通能力，你完全可以协调好你们的关系，挽救那段姻缘。你也许有过求职不顺心的时候，找了很多家公司，明明你的条件都满足要求了，可对方就是不用你。你也在思考，是不是你的专业能力不够，还应该继续深造；要不就是那些人太势利，存心和你过不去。你也许没有想过，让你应聘不成功的原因可能只是你不会传递正确有效的信息，无法让面试官了解你、喜欢你，尽管你条件符合，可最终还是没能选择你。

我们生活中有太多的遗憾、纷争和障碍都跟沟通有关。所以，沟通是无处不在的，它就像我们身边的空气一样，是如此重要，以至于我们反而忽略了它，就像忽略空气的存在一样。

当然，也有很多人正在从这个繁忙的时代中觉醒，他们意识到了沟通很重要，可是却不知道该怎样提升自己的沟通能力。谄媚和溜须拍马，连同掩饰真心的公关说辞，使一些人以为那就是提升沟通能力的秘诀，可事实上，更多的人早就看穿了这些虚伪的套路，并让它们现出原形。那到底什么才是一流的沟通，我们的曙光在哪里呢？

传播最顶尖的沟通思想和最有效的沟通技巧——这正是我写这本关于人际沟通的书的目的，我希望借这本书让更多的人能够认清：**沟通的重要性，什么才是一流的沟通，以及怎样才能够实现自身沟通品质的提升，进而提升生命的品质**。这些技巧和方法是我这 20 年来与世界顶尖的沟通大师们共同研究和发展出的关于有效沟通的方法，其中以 NLP（**神经语言程序学**）的精华内容提炼出的许多技巧，都能够立即用在日常的沟通实践中，效果极为显著。我希望通过这本书传递出以下三个沟通信条，这也是本书的精髓。

第一，沟通的品质决定一个人的生命品质。任何人在做任何一件事情的时候，都要进行沟通，因为只要你生活在这个社会上，你就要和人打交道。即使，你一个人生活在孤岛上，你要想活下去，最起码还要和自己有好的沟通，否则也会活得很痛苦。实际上，和自己沟通好，是实现好的沟通的起点。

第二，沟通并不只是说话、交谈，它包括各种因素，包括说话的语气、语调、身体语言的表达等。归根结底，沟通是一种人的能量的传递和化解，而说话只是一个人传递自身能量的一种方式而已。甚至可以说，纯粹的说话只是传递能量的一种不太重要的方式。

第三，沟通能力的提升需要持续不断的练习和实践。既然沟通是一种能力，那么想要拥有这种能力就需要学习和练习。就像学习其他的能力一样，你需要先理解，然后练习，最后使用到熟练掌握，成为你无意识的能力。这是需要过程的，唯有积极而不怕挫折的练习使用，沟通能力才会提升。因此，指望看完一本书就立刻成为沟通高手的人，需要转换你的心态。

本书始终贯穿这样三个信条，希望你能以此作为阅读和研究本书的基本信念，耐心地学习下去。我已经为你指出了一条通往顶尖沟通高手的捷径，剩下就看你愿不愿意坚定而快乐地去实践了。

尚致胜

|目　录|

CONTENTS

引　子

午餐后的办公室，充满了阳光和欢笑。我和几个同事正在一起聊着前几天我们刚开完的那次培训课，彼此交流一些看法和心得。只有阿福一声不吭地坐在电脑前，神情严肃地敲着键盘，似乎不太愿意加入到大家的谈话中来。我和他打招呼的时候，他才缓缓地抬起头，给了我一个勉强而僵硬的微笑。

阿福进公司刚好一个月，我不知道此刻他是不是被大片的阳光给烤迷糊了，看上去如此乏力。他其实是一个不错的年轻人，爱思考，对工作也很有热情，作为一名新进公司的研究人员，他正在慢慢发挥他的创造力，这让我感到很欣慰。可最近我却听到好几个同事说阿福很不好相处，一个月来和大家很少有什么沟通，甚至有时候连起码的礼节都忽略了。这让我有些吃惊，觉得不大可能。可眼前的场景让我相信，一定是某些地方出了问题。也许那是我忽略了他一个月来的生活和工作状态，其实我是想让阿福来帮我做 NLP（神经语言程序学）

人际沟通技巧的整理和推广的，如果他的人际沟通出了问题，那实在是一件可悲而又可笑的事情。

当然，或许这样更好。假如阿福真的在沟通上遇到了障碍，那他接下来要去完成的工作就成了他自身成长的必修课。多么有意思的事情！就像我这么多年来一直在协助很多朋友获取平衡式的成功人生，同时也在不断地完善我自己的生命素质，追求卓越的生活品质，这对我自己的成长经历来说就是一笔可贵的财富，它让我能够更有信心地去帮助别人提升和进步。对阿福来说也是一样，现在的问题正是一个绝妙的契机。也许，下一段日子，他的工作和整个生活都将发生巨大的变化。

愿望一

拥有积极的沟通心态

只要你有足够的爱心，就可以成为全世界最有影响力的人。

沟通的起点：自我沟通

第二天一早，我就把阿福叫到了我的办公室。他显得很疲惫，眼神里尽是焦虑和无奈。记得一个多月前，也是在这里，他和我谈论对这份工作的向往的时候，是那样的信心十足，充满活力。而现在，他如此沮丧地坐在我对面，简直是另一个人。

“阿福，你进公司已经一个月了吧。和我谈谈你这段时间工作的一些感受吧？”

“说实话，我对我这一个月来的工作很不满意，我没能很好地完成工作。”

“那你觉得有哪些地方需要你以后去改进呢？”

“我不知道，我想有些是我自己的问题，我和我女朋友之间的沟通出了问题，因为工作太忙，可能我有些疏忽了她，所以她老是抱怨我不关心她。我一直很努力地工作，可是还是没办法完成任务，我觉得很着急。同事们好像也不太愿意和我交流，都各忙各的，帮不了我什么忙。

所以，这些事情弄得我有点焦头烂额，我真的不知道最近怎么总是这么不顺。”阿福的声音听上去很低沉，情绪似乎更加低落了。

“没关系的，阿福。这只是一些小挫折而已。我想，你在沟通上确实遇到了一点问题，不过很快你就会把它解决掉。”

阿福还是有气无力地看着我，提不起一点精神。

“我一直觉得你是很懂得沟通的，相信你也一直这么看待自己。不过，你可能忽视了一件事情，那就是和你自己沟通。”

“和自己沟通？”阿福的身体颤了一下，好奇地问。

“对，很多人和你一样，每天总是在琢磨怎样才能更好地和别人相处，怎样才能和别人沟通得更愉快，可他们不知道他们自己才是第一个应该去好好沟通的人。因为，**一切沟通都是从自我沟通开始的，想要和他人沟通得很好，得先学会和自己进行良好的沟通。什么是自我沟通？自我沟通就是调整好自己的沟通心态，掌控好自己的沟通心境**。在我过去 13 年的人生经验里，我发现很多和他人有沟通障碍的人，都是和自己的沟通出了问题，他们很难和周围的人有好的沟通，即使有再高超的人际沟通技巧也没有用。因为沟通并不是卖弄技巧，而是心与心的交流。”

小贴士

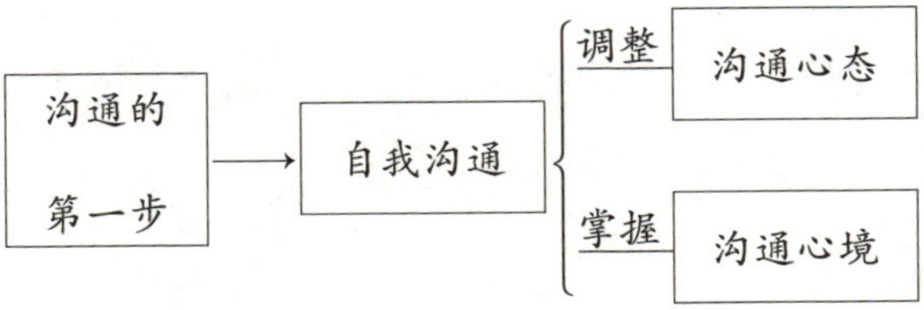

动作创造情绪

“我还是不太懂，你说的自我沟通是什么意思？”

“自我沟通，简单的说就是掌控你的心境，获得一个好的情绪状态和沟通心态。而**心境由两个方面决定，第一个是你的生理状态**。你最近身体状况怎么样？”

“不太好，我最近没怎么运动。工作太忙了，没时间。”他确实没什么精神，我从他无力的眼神和松垮的身体上就能看出来，而且他的声音让我觉得他这几天的睡眠也不太好。

“好，那这样，你现在站起来，使劲向上蹦，蹦得越高越好。好吧？来！”阿福有些不习惯，拖起疲惫的身子，从椅子上站起来，向上轻轻地蹦了一下。那显然是很没有力量的一跳，我看到他还是愁眉不展，身体似乎还是很僵硬。于是让他再跳一次，这一次要使出浑身的力气。

“使劲啊，再跳三次。要一次比一次高，争取摸到天花板！”我半开玩笑地鼓励他。

阿福笑了一下。这几下他跳得不错，你也许很难想到他落地时候的样子，脸红红的，大口地喘气，却笑得像个孩子一样。

“我真的好长时间没有这样运动过了，就这么跳几次，身体还真蛮舒服的!”阿福刚才紧皱的眉头现在舒展了许多，情绪似乎也好了一点。

“是吧，要是你再努力一点，就真的要摸到天花板了。你现在感觉好点了吗?”

“好点了。”阿福一边点头，一边笑了笑。

“看你的样子，应该是感觉好点了。你看，只是跳几下你就会立即觉得情绪好一点，这就是一个人的生理状态对心境的影响。你记住一句话，叫作：**动作创造情绪**。因为人的身和心是相连的，你的情绪能决定你的表情、姿势或动作；同时，你的表情、姿势、动作也能影响你的情绪，明白吗？比如，人的脸部那么小的一块地方就有 80 条肌肉，你做出不同的表情，这 80 条肌肉就会表现出不同的状态，这些不同的肌肉状态会给你的神经系统传递不同的指令，所引发的情绪自然也不一样。像你刚开始那种垂头丧气的表情，就等于你的身体在告诉大脑，拜托你伤心焦虑、有气无力一点好不好，想想看，你最后不伤心焦虑才怪呢。而你像你刚才那样笑的时候，你的感觉肯定很不错，对不对？"

"是啊，真的是这样！"阿福听着又不自觉地笑了一下。

"所以，你其实完全可以**假装**快乐、假装自信。只要你做出快乐、自信的生理状态，你自然就会觉得快乐、自信了。"

"假装？我明白了。"

好或坏，你自己决定

“决定心境的另一个重要方面是：**你的注意力**。而你的注意力又是由你**对事情所下的定义**和**遇到事情时所问的问题**决定的。”

“对事情所下的定义？”

“对！”

我说着便取出了一张纸，在上面画了一条长长的竖线，竖线的左边写上“**事情**”，右边写上“**心情**”。

“阿福你看，每一天在我们身上都会发生很多的事情，这些事情大到结婚生子，小到吃饭穿衣，很多很多，每一件事情的发生都会让我们产生情绪，每一件事情都对应着一种情绪。升迁了你会高兴，失业了你会沮丧、发愁，对吧？可是有时候你不希望老是有那些坏的情绪，你希望把事情和心情分开，就像你现在的状况一样。可是阿福，怎么才能把它们分开呢？你看看这张纸。”

“撕开！”阿福马上回答。

“对了，把它们撕开。任何事情和它对应的情绪都能被撕开，就像这张纸一样。因为**事情本身并不等于情绪**，是因为你把它定义成了某种东西，这种东西让你产生了某样情绪，不是吗？升迁了你为什么会高兴？因为你把它定义成‘我被认可，我会更有发展’，所以你高兴。失业了，你为什么要沮丧、发愁？因为你把它定义成‘我真倒霉，我遇到大麻烦了’，所以你生气。是不是这样？”

“是啊！每个人遇到这些事情的时候都会这么想啊！”

“没错，每个人遇到类似的事情都会这么想，好像发生这些事情就应该被定义成好或者不好。可是你知道吗？**其实这世上的任何事情都没有一定的定义，是你自己给它下的定义**。你只是**习惯性**地看到了事情的某一面，才产生了某种情绪。十几年前我刚刚大学毕业就开了自己的公司，做了老板，而且赚了很多很多钱，可以说是少年得志。你觉得这对我来说是好事还是坏事？”

“当然是好事了！”

“可你知道吗？在那之后不久，我一手做起来的公司就彻底倒闭了。因为有钱，心态就变得有点异常了，迷失了自己，突然觉得生活没有什么意义和乐趣了。自己毁掉了自己经营的事业和积累的财富。你觉得这是好事吗？”我用一种狡黠的目光看着阿福。

“……那确实太糟糕了！怎么会这样呢？”阿福轻轻地摇了摇头，似乎是觉得很可惜。

“你觉得很糟糕，是吗？确实很可惜。不过，就是因为这样一个对我一生来说很大的一个挫折，让我重新开始反省和检讨自己，并且寻找更好的能帮我实现我所希望的那种幸福、快乐人生的方法。所以，后来我去美国跟随 NLP 的创始人 Richard Bandler 学习 NLP 这套方法，现在我才能回到祖国，来和大家共同去向更多的人推广 NLP，这是我一生的事业。那你说，公司的倒闭到底是好是坏呢？”

“这么说起来，还真是件好事！”

“所以，古人说‘**塞翁失马，焉知非福**’，道理是一样的。你一辈子遇到的所有事情，都很难说是好是坏，全看你自己怎么去看了。”

“道理是这样的，可是谁会这样想呢？”

“是啊！很少有人会这样想，所以到处都是情绪糟糕的人，他们习惯被框在一个很窄的视野里，生气或是焦虑，最后只能越来越难受。如果换个角度去想呢？比如，你的女朋友抱怨你关心她，你可以认为这是个问题。可换个角度看，这难道不是一件好事吗？她很在乎你，而且你们又有机会去解决掉你们交往上的一些障碍，增进你们的感情。这不是很好吗？”

“你说得对，其实现在我和她之间出现一些问题是很正常的，有些问题越早解决掉越好。你说要去换个角度思考，转换一件事情的定义。这个道理我能明白，可在实际生活中要想做到似乎很难。”阿福一脸期待地看着我，好像在等着更多的指引。

小贴士

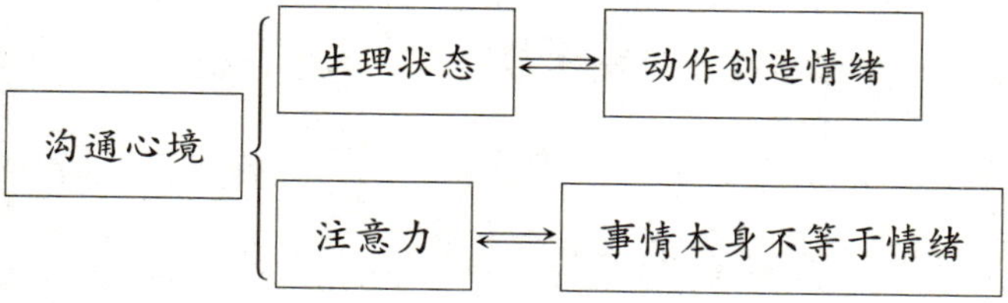

心灵的摄像机

“确实不容易。所以，你要想控制住自己的注意力，改变你对事情所下的定义，就要学会问好的问题。”

“什么是好的问题？”

“好的问题就是积极正面的、有价值的问题。为什么要问好的问题？**因为思考本身就是一种问与答的过程**，你每天都要问你自己几千个问题。你知道吗？”

“几千个问题？会有那么多吗？”阿福叫了起来，有点不相信。

“有啊！比如你早上一觉醒来，睁开眼睛。你就开始问自己第一个问题：现在几点了？对吧？然后，当你知道几点以后你可能又会问自己第二个问题：起床还是继续睡？接下来你还会问你自己：穿什么裤子，什么衬衣？打什么领带？吃不吃早点？坐什么车去上班？等等一大堆问题，一直到你晚上睡觉前，这整整一天你问了难道没有几千个问题吗？”

“哦，这么算起来，确实有几千个。”

“所以，其实你一直在不断地问自己问题，每个人都是通过问问题的方式进行思考的。可是，在我们问自己的问题中，有的问题是积极正面的，有的问题却是消极负面的。而我们问什么样的问题就会得到什么样的答案。如果你问自己：我怎么老是不顺啊？我怎么老是完不成工作啊？怎么老是没有人喜欢我啊？你的脑子就会开始搜寻这个问题的答案，它会把你过去所有不顺、失败、不被人喜欢的经验全部找出来，你头脑里的摄像机会把这些画面和声音拍下来，刻成一张光盘，在脑子里反复播放，来验证你所提出的这个烂问题。所以你最后能得出的结论一定是：我确实就是这样啊，一辈子不顺心，办不成任何事，没有人喜欢！你的情绪当然会不好，是不是这样？可如果你把注意力放到事情的另一面呢？你的情绪也许不会是这样。你应该习惯于在遇到问题和困难的时候问自己这样的几个问题：**这件事情的发生对我有什么好处？现在的状况还有哪些需要完善？我以后应该怎么做才能达成我想要的结果？我应该不再犯哪些错误？我要怎样才能在达成目标的同时享受这样一个过程？**我把这几个问题叫作**成功五问，**我在遇到问题的时候每次都会问这些问题，来转移我的注意力，去更好地解决问题。你也可以试一试。想想看，当你这样问自己的时候，你的注意力是不是就放到了一些积极正面的东西上，而不再满脑子焦虑、生气或是倒霉了？同时你是不是也会感觉好一些了，至少不会那么痛苦，对不对？”

“是，我想我一直都问错了问题，这段时间我确实总是在怀疑自己的工作能力、人际关系的处理能力，老是想着那些困难和障碍，对自己越来越没有信心了。”

“阿福，我想告诉你的是：你的能力其实没有问题。事情的关键在于你能不能调整好自己的心态，掌控好自己的情绪，无论对于工作还人际沟通，这都很重要。问好的问题，这可能会决定你的一生。”

“一生？”阿福似乎不信，所以我决定给他讲安娜和小楠的故事。

“安娜和小楠都是我的大学时的同学，两年前的时候，都是因为老公有外遇离婚了。安娜是因为那时候她老公常常瞒着她和一个女生打电话聊天、约会出游，后来被她发现了。她很愤怒，于是就情绪完全失控，不仅和她老公哭闹着要离婚，而且到处和她老公的亲朋好友散播对她老公很不公平的言论，弄的她老公在同事和朋友面前很抬不起头。最后他老公没有办法，很无奈地同意和她离婚。”

“唉，为什么要闹成这样呢？我想她其实根本不想弄成这样，她可能只是想和她老公复合。”阿福叹了口气，感慨地说。

“对啊，其实她的动机本来是好的，希望能挽回这段婚姻，可是由于情绪的掌控出了很大问题，使她做出了非常愚蠢的举动，最后得到了一个自己不想要的悲惨结果。这是一个连锁反应。她离婚了，而且在这之后，还不断问朋友问家人问自己：为什么我的命运这么悲惨？老天为什么让我碰到这样一个不负责任的男人？她因为这件事情对自己的婚姻及整个人生都丧失了信心，后来很快就消沉下去，而且衰老得很快。而小楠完全不是这个样子，她也离婚了。可她那时却一点都不怨恨她的老公，甚至后来还一直和她老公及她老公的太太保持着很好的关系。一段婚姻结束了，她所思考的是：我从这次失败的婚姻中学到了什么？在以后我的婚姻生活中我应该注意哪些问题？单身对我有什么好处？现在我是不是可以有更多的机遇和精力来做我喜欢的工作？她在这些问题的引导下，把注意力始终放在对自己有利的一面，而好的情绪带来好的行为，于是她开始从事她很喜欢的管理工作，并且不断扩大自己的人际圈子，每一天都很有朝气，很有自信。半年后她嫁了一位很好的老公，人生变得比以前更幸福、更让人羡慕。你看小楠每一天是不是都很有活力？和安娜现在可怜的生活是很不一样的。有人会说这就是命运。相同的境遇为什么会导致不同的结果？因为她们当时问了自己很不一样的问题。命运是怎么来的？命运就是这么来的，**问自己什么样的问题，你就会有什么样的命运！**”

小贴士

注意力 ⟺ 成功五问

1. 这件事情的发生对我有什么好处？
2. 现在的状况还有哪些需要完善？
3. 我以后应该怎么做才能达成我想要的结果？
4. 我应该不再犯哪些错误？
5. 我要怎样才能在达成目标的同时享受这样一个过程？

有智慧的信任

“我现在明白问好的问题的重要了，可是我该怎样才能避免碰到现在的情况呢？我记得刚来公司的时候我心情挺好的啊，怎么后来越来越糟糕了呢？”

“你想知道问题的根源是吗？我们可以一起来分析一下，可能是你最初的心态就有问题，跟你所在的环境没有多少关系。换句话说，因为你长久以来一直对人际关系抱持的态度，导致了你现在的状况。也许你最初到公司的时候确实感觉还可以，可很快你不好的心态就会让你陷入那种很烦躁、很矛盾的情绪中。你懂吗？”

“我不知道我的心态哪里出了问题，我觉得自己一直很想和大家交往啊！”

“真的是这样吗？那为什么你不主动和同事沟通，有了问题也不愿意主动去向他们请教呢？”

“因为我觉得他们都很忙，好像不太愿意帮我。”

“其实，就是你不愿意相信他们，不愿意接受他们。可是你并没有什么凭据来证明你的感觉是对的。你不信任，不接受他们，碰到了困难自然不会想去请教他们。想想看是不是？**信任永远是良好沟通的基础。**我和你今天谈这些事情，之所以能进行下去，原因之一还是我们相互信任对方：我相信你一直在很努力地工作，只是心态和沟通上有了小问题，而我可以帮你一起解决；你也相信我是真心地希望你能有一个好的情绪状态，并且能够真正地帮你改变心情。不是吗？如果没有这份相互的信任，我们的谈话可能早就结束了，或者根本不会有。对不对？”

“是的，我明白应该去相信别人，可有时候，人总是有一种自我保护和封闭的习惯，不愿意敞开自己的心胸。而且，这个社会到处都是欺骗，如果一味地相信别人，被人骗了怎么办呢？”

“你想的很有道理。所以，我们要学会的不是盲目的信任，而是有**智慧的信任，就是对事物、对人际关系的一种有判断力的、有选择的信任，你不必在任何时候相信任何人。**盲目的相信是一种愚蠢，可我们不能因为这世上有欺骗存在就从此谁也不相信，不能因为你曾经受过骗现在就谁也不相信啊。把自己的心完全封闭起来，对任何事情都怀疑，那你还怎么交朋友、谈恋爱、与人共事呢？你说对不对？”

“也许是吧。可为什么我们会不相信别人呢？天生的？”阿福穷追不舍。

“因为你首先怀疑你自己，你不喜欢你自己，你总是看到自己身上的缺点和过失，总是对自己持一种怀疑的态度，所以你在和别人交往的时候也会**习惯性的**只盯着别人的缺陷和不完美，也会对别人的一切表示怀疑。因为你眼睛这台摄像机已经习惯记录下别人不好的地方，你脑子里收集到的全是别人负面、消极的信息，你当然不会相信任何人。**所以，要想喜欢别人，先喜欢你自己。**”

你真的舍得吗

“我明白了。可能因为我最近和女朋友相处得不好，老是对她不信任，所以也开始对公司的同事不是很信任，总觉得他们不好相处。也许最根本的还是我对自己老是持怀疑的态度，因为工作不顺，就更加看轻自己，形成了一个恶性的循环。所以感觉很不好，我想他们一定对我的印象也很恶劣吧？”阿福说到这儿，忽然显出惭愧的神色。

“你觉得呢？想想看你这段时间是不是对他们有什么帮助呢？无论是工作上还是生活上？你有没有付出过一些呢？他们也许没有怎么帮过你，可你有几次帮过他们呢？”

“我一直忙自己的事情，所以……”

“是的，每个人都应该专注于自己的事情，同时我们也要想到也许我们可以给我们周围的人一些帮助，我们不会因此而损失什么。你要舍得付出时间、精力和热情来给你的家人、朋友和同事。**付出总会有回报的，而且回报总会大于付出**，这可能是你肉眼所看不到的。因为你要相信，**这个世界上任何事情的发生都有它一定的目的和原因，并且有助于我**。你明白吗？”

“如果我的女朋友真的骗了我，我付出了感情和精力，我有什么回报呢？”

“问得好！你付出了感情，但没有换来你要的结果，你觉得自己亏了，是吧？可你有没有想过，你可以从这件事情上吸取一些经验和教训，这样你可以在你以后的生活中得到更好的爱情，那种回报会比你现在的付出大得多。你理解吗？”

“也就是说我可以从其他人身上得到补偿，而这种补偿会带给我更多，是吗？”

“没错。这是一种伟大的宇宙法则。仔细想想你以前的经历，你会发现其实你所有的付出都有更多回报，只不过你一直没有觉察到，或者这种回报的时机还没有到而已。你永远不会白白付出。”

“这么说，我真的应该积极主动一点去帮助大家，对女朋友也应该多关心。可能我太在乎他们怎么对我了，老是去要求，忘了也应该这样去要求自己。”

阿福这时候似乎明白了一切，他笑得很放松也很自信，好像马上就要投入一场轰轰烈烈的改变。当一个人知晓了问题的前因后果时，他就会立刻激起百分百的行动力，而当他拥有百分百的行动力的时候，他离成功也就不远了。

我想这就是我要给他讲的第一课，这也正是他开始展开新的研发工作的开始。

“阿福，你今天一定学到了不少关于沟通心态的掌控技巧，这些其实都是 NLP 在人际沟通上应用的精华，你在这些信条的指导下，沟通会越来越好的。而且，从今天起，你的工作任务之一，就是帮我去整理这些 NLP 人际沟通的技巧，发展出一套课程，让更多的人掌握这些技巧。你有什么想法?”

“太好了！我非常愿意!”阿福很兴奋，因为这是一项能发挥他的思考和创造力的工作，这也正是他喜欢的工作。同时，无疑这对他来说是一个不小的挑战，挑战的不仅仅是他的洞察力和创造力，更多的是他一直以来的沟通习惯。我知道阿福一定会在这项工作中慢慢地体会到更多的迷惘、痛苦和喜悦。

十几年前，当我刚开始学习和使用 NLP 的各种信念和技巧的时候，我的感受就是如此。那些完全新颖的观念和方法带给我的是心灵的巨大的震撼和冲击，而在一步步将它们化为我自己的能力的过程中，我觉得仿佛是在和从前的自己战斗。除去生命花园里的莠草，疼痛总是难免的；而在疼痛过后，再把这些感悟和更多的人分享时，那种心情真的太美妙了。

愿望二

洋溢最迷人的亲和力

正直地思想，友善地行动，诚实无欺并陶冶一种性情。

——马可·奥勒留《沉思录》

喜欢的奥秘：物以类聚

其实我们很像，不是吗？

每一天，我们都在费尽心思去取悦身边的每一个人——无论是亲人、同事、客户还是朋友，甚至包括那些我们要与之打交道的陌生人，我们都希望能和他们实现更顺畅、更快乐的沟通，建立更和谐、更亲密的关系。我们把人生一半的精力都放在博取他人的喜爱上了，打扮自己、说漂亮的奉承话、时刻面带微笑、展示非凡的聪明能干，可我们也许还是不了解大受欢迎的奥秘。

阿福也一样很迷惑，尽管他在慢慢地转变他的心态，在工作中积极主动地和大家沟通，用他那令人愉悦的豁达和热心获得了同事们的认同，可在他心里还是会时常有力不从心的感觉。

这一次，他不再等我去找他，而是主动地来敲我办公室的门。

“阿福，这几天感觉好点了吧？有没有和大家一起聚餐？”

“好些了，大家对我真的很友善，我也很主动地和大家聊一些生活上的事。我们昨天的聚餐很有意思，真希望每礼拜都有这么一次!”

“那太好了！阿福，你的精神状态越来越好了。也许你现在没法和每个人都成为好朋友，可慢慢地你会做到这一点的。”

“我来就是想和你谈这个问题，我发现我和有些人真的很难相处，不管我怎么热情，我还是和他们谈不到一起去。可有些人我一和他们说话就觉得他们很亲切，像玛丽和小东。”阿福情绪似乎很激动。

“我想你大概不喜欢莉莉。”我能够想象得出阿福和莉莉在沟通上一定会有很多的不顺畅，他们在性格和工作习惯上差异太大了，莉莉一直很干练，做事情雷厉风行，只是脾气有点焦躁，心直口快；而阿福做事情要细致一些，性情比较温和，有时会让人觉得行动缓慢，缺乏激情。

“对呀，“阿福惊讶而激动地点点头说，“我不太习惯她说话的方式，她老是匆匆忙忙的样子，赶着去做每一件事情。而且似乎对我很不耐烦。我真不知道怎么和她一起工作。”阿福看上去有点泄气。

“没关系，阿福。其实这很正常，每个人都会碰到与自己不太容易相处的人，你会觉得和他在一起很别扭，他也许也一样。这没有什么，因为你们可能根本就不是一类人，没有什么共同点和相似性，而**我们每个人都喜欢那些和我们情绪、个性、志趣、信念相似的人**。想想看是不是这样，你喜欢老是反对你意见的人吗?”

“当然不喜欢。”

“我也不喜欢，谁都不会喜欢那样的人。那如果今天你在街上碰到一个人，和你穿一样的衣服。你和他闲聊，发现你们竟然喜欢同一种运动、同一个歌手，说话的声音都很相似，而且他还是你高中的老校友，你会不会立刻对这个人产生兴趣呢？”

“啊，当然。哪有那么巧的事情？”阿福惊讶地笑起来。

“这么巧的事情也许可能性很小，可是我们必须承认，如果真有那么一位和我们这么相像的人，我们会马上喜欢上他，想和他继续交往下去，对不对？”

“是。可这样不是很不公平吗？因为你和别人相像，他们就接受你、喜欢你；因为你和别人不太像，他们就不愿接受你，而你就一直被排斥在圈子之外。这也是宇宙的法则吗？”

“你意识到这种不公平很好，同时你要知道，这就是我们每个人的**天性**。所谓的‘**物以类聚**’就是这个道理，志趣相投的人总是很容易结成同盟或团体，不是吗？所以，你现在觉得和莉莉相处有些障碍，非常正常。你明白了吗？”

“也许是这样吧，那我还是要和她一起共事啊，总不能不去理她吧？这实在让人很头疼！”阿福显得很无奈。

哦，你们其实完全可以相处得很好，当然这需要你们一起去努力。你要做的，只是改变你自己。你今天又可以学到一些 NLP 的沟通技巧了。”

亲和力的要素：心态与技巧

“哦，那怎么改变呢?”阿福急切地问。

“改变你的频道，进入对方的频道!”

“频道？什么频道?”

“NLP 上所讲的**频道，就是一个人所处的身心状态，比如他的情绪、呼吸、表情、动作、信念等。**”

“为什么要进入别人的频道呢?”阿福感到很费解。

“因为这样你才能在你和他之间建立起一种亲和关系。你听说过亲和力吧？**亲和力就是你通过找寻并进入对方的沟通频道，而让对方喜欢你、接受你、信赖你**。有了亲和力，你才能和对方有良好的沟通，因为**一个人亲和力的建立是他发挥其影响力的基础**。你有没有遇到过你认为很有影响力的人?”

“有几个吧，像我刚进大学的时候，我们系的学生会主席就是一个很有影响力、很能带动大家和感染大家的人，我们都很服他……”阿福一边说，一边在回忆着，心里涌起的应该是一股崇敬之情。

“那你觉得他的影响力是从哪儿来的呢？是他所处的学生会主席的地位，还是他的威严，或者是一种个人魅力？”

“我觉得他确实很有魅力，因为他和每个人交往、聊天、谈工作都很随和，让人觉得很放松，不会有压力，所以和他在一起很舒服，大家就是愿意听他的。”

“和他在一起很舒服。其实这种舒服的感觉就是一种亲和关系。他是个很有亲和力的人。你可以想象一下，如果他总是板着脸，用那种居高临下的口气和你们说话，你们会接受他吗？他对你们来说会有影响力吗？”

“我明白了，也就是说要想有影响力，先要有亲和力，对吧，那是不是像你说的，进入对方的频道就可以建立亲和力了？”

“是的，不过前提还是你必须有一个好的沟通心态才行，好的沟通心境是一个根基，亲和力是在这样的根基上建立起来的，而进入对方的频道只是一种技巧。”

“技巧有必要学吗？我觉得心态好应该就行了，我这几天调整了心态以后，和大家相处得很好啊！我没有用什么技巧！”

“心态确实很重要，这一点我相信你的感触很深。同时，光有好的心态没有好的技巧，沟通也可能是失败的，你和莉莉的沟通障碍就是典型的例子。因为有好的心态并不能保证你就能建立亲和力。你明白吗？”

“我还是不太明白。我既然已经有了好的心态，喜欢别人、接受别人、信赖别人了，我怎么还会没有亲和力呢？”阿福疑惑地看着我。

“OK。我问你，你现在觉得自己的沟通心态已经调整得很好了。对不对？那你和周围的人相处是不是没有任何问题了，比如：和你的女朋友之间，没有一点沟通上的不顺畅吗？”

“当然还会有，我想那是因为我们在一些事情上观点不一致，或者我们不能理解对方的意思，还有的时候大概是误解或者根本就是玩笑开过了头！我觉得这很正常。”阿福显然对于这些问题很不以为然。

“可是你很爱她，对不对？你和她沟通时心态已经很积极了，那你们之间的这些小的问题是怎么产生的呢？”

“我觉得……”阿福陷入了沉思，似乎一时想不出答案来。

“好，再比如你的父母吧，你觉得你的父母爱你吗？”

“当然爱了。”

“那你和他们的沟通很好吗？你觉得他们对你来说有亲和力吗？”

“我和我母亲的关系弄得很僵，她太不了解我了，而且总是把我当小孩子一样看待，这让我很受不了。而且她每次和我说话的方式也让我没法接受。有时候，我真的觉得和她不能沟通。”

“为什么会这样呢？她可是你的母亲啊！难道说她不喜欢你、不接受你、不信赖你吗？为什么她对你来说就没有亲和力呢？”

“我想她和我沟通的方式我不能接受，我们说不到一起去。”

“你看，因为你的母亲和你沟通的方式你不能接受，所以你们的沟通有问题。沟通方式是什么？是心态吗？”

“是技巧。”阿福在慢慢地理解我说的意思。

“所以，现在你明白了。**光有好的心态是不够的，你必须学会使用各种沟通技巧**，建立足够的亲和力，这样你和别人的沟通才会比较顺畅。”

小贴士

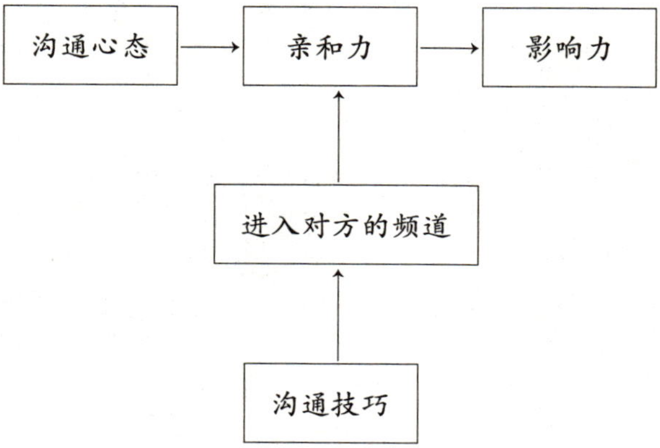

亲和力与关系没有关系

“和越亲密的人之间越应该注意亲和力的建立，和陌生人之间我们一般都会很在意这些，但与亲近的人却很随便。”阿福自己得出了这个很多人都忽略了的道理。

“你说的很对！这也是所有的人在沟通上最容易忽视的一点，那就是：**亲和力与关系没有关系，越亲密的人越要去建立好亲和力。**”

“听上去很拗口啊！”

“很拗口，但也很好记啊！其实，这句话的意思就是说**建立亲和力并不看你和对方是什么关系，无论你们是同事、客户、朋友还是母子、夫妻、兄弟，建立亲和力都是必要的，它是沟通的根本**。而在这些关系中，我们常常只注意要和同事、客户或者一般朋友之间建立亲和力，要选择沟通方式，却偏偏不去关心和最亲密的人之间的亲和力，我们总以为既然大家在一起相处这么久了，就可以无所顾忌，可以不选择方式或技巧，对方也不会在意。可事实上呢？我们都很在意，我们比和其他人相处时更在意。这就出现矛盾了，就是这种矛盾引起了太多的争吵、冲突甚至暴力，不是吗?”

“我想你说的很有道理。可还有一点我不是特别明白，既然亲和力是一种技巧，我们和每一个人都应该去培养，那我们是不是和每一个人一次建立好亲和力就行了？还是……”

“我想这不是一次建立好就行的，即使你那一次的建立很成功。因为沟通是不止一次的，所以建立亲和力也不可能一劳永逸。亲和力是和每一次沟通密切相关的，**基本上在每一次沟通最开始，我们都要先建立好亲和关系**。你昨天和你的客户建立好亲和关系了，你今天见他的时候并不一定和他就会有很好的亲和关系，可能会因为当时的状况，你需要配合他的情绪。比如，我今天下班回家后想和我的太太谈一件很重要的事情，我不会一见面就和她说这件事情。我会先问问她‘白天过得怎么样啊?’‘有没有什么好玩的事情啊?’去和她建立亲和关系，尽管她是我太太，而且我们每天都要在一起，可我还是要这么做。直到我们的这种亲和关系建立得很好了，我才会和她说这件事情，因为这时候我说的话才有效，她才能听得进去。你懂吗?”

小贴士

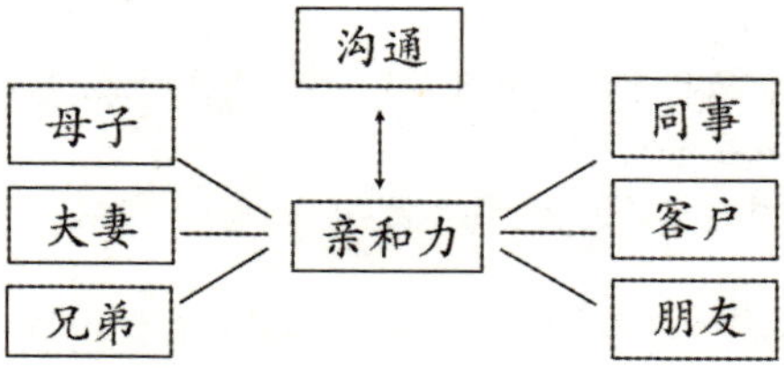

你是沟通的主导者

“哦，这么麻烦?”

“似乎很麻烦，我可以选择更直接的方式，直接说我想说的重要的事情，可效果也许会很不好。”

“这么说，我们应该在每一次沟通的开始都去和别人建立亲和力，进入别人的频道。那为什么要我来改变，不是别人改变来进入我的频道呢?”

“因为你是沟通的主导者，你要想改变别人，只有先改变你自己。你听电台节目吧，如果你现在要听 FM91.4Hz 的音乐节目，你怎么做?”

“当然是转动旋钮到 FM91.4Hz 了!”

“很好！为什么你不打个电话到电台，让他们把发射频率改为 FM97.6Hz，因为你的收音机指针正好指在这个频率上呢？这样你就可以不去调你的收音机了，多方便!”

“这怎么可能呢？太夸张了!”阿福大笑不止。

"你觉得这很可笑是吧？"我笑着说，"可是在沟通上就有很多人会有类似荒谬的想法，然后干出一样很荒谬的事情来。要求别人进入你的频道，要求别人和你有一样的情绪或好恶，别人会愿意吗？不会的，**因为每一个人都是不一样的，而且一个人很难改变另一个人**。所以，你能做的只有先改变你自己，配合别人的情绪、表情、姿势、动作来进入别人的频道，再来尝试着改变别人。"

"也就是说，我必须先改变，才可能让别人改变，我始终都应该是主动的。对吧？"

"对，你才是沟通的主动者，**沟通的责任在于你，不在对方**。这也是一种很重要的沟通信念。我们中的太多人一直放弃他们在沟通中的领导者地位，而去等待别人来领导他。你刚才说你的母亲不了解你，你习惯问自己'为什么她不了解你'，可你有没有问问你自己，你是否主动用过好的沟通方式让你的母亲了解你？你有没有这么做过？在你觉得你母亲的沟通方式你不能接受的时候，你有没有想过，你的沟通方式她能不能接受，而你能不能换一种方式去沟通，让你的母亲了解你？这很难做到吗？"

小贴士

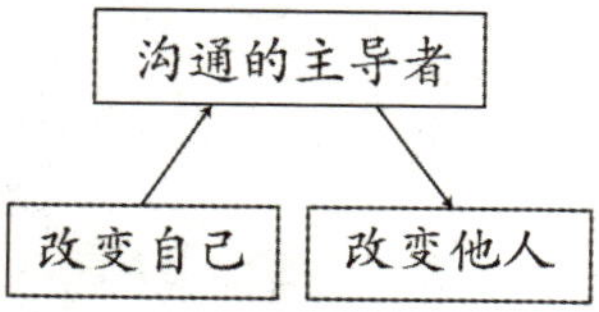

进入别人的频道

“我想我可以试一试。可到底怎么才能进入别人的频道呢？”

“我们有很多技巧，可以让你在情绪、信念、肢体动作、声音语言等方面进入别人的身心状态，和他们**同步**。你要做的很简单，就是**呼应**他们的情绪、信念、肢体动作、声音语言，甚至**模仿**他们的言谈举止。这样你就能进入他们的内心世界，从而建立亲和力。你看，现在我和你之间有很好的亲和力，因为我们在一个频道上沟通，我在呼应你的情绪、信念，模仿你的肢体动作、说话的语速、用字遣词，所以我们的谈话非常轻松舒服。你能感觉出我在模仿你吗？你感觉不出来，可我一直在这么做。”我冲他笑了笑，看着他一脸的茫然。

“是真的吗？”阿福有点不相信。

“是真的。”我点了点头，“只不过你不知道。其实你一样可以学会，这不是什么玄妙的技巧，你很快就会了解其中的道理。不过，最重要的还不是了解，而是去练习、使用，否则它永远不可能成为你所真正掌握的沟通能力，你也很难让更多的人理解并且掌握它。”

“哦，我会努力地去练习的！”

“好，我也会教你更多的技巧。我们谈了快一个小时了，你回去好好地整理、思考一下我们今天探讨的东西。不要急于去成为一个沟通高手，和每个人都能谈得来，那是一种非常强大的能力，需要不断地磨炼才行。明白吗？明天下班后，我会带你去一个地方，在那里你也许能学到更多的东西，你会进一步感受到沟通品质的好坏对一个人的生活是多么重要！”

小贴士

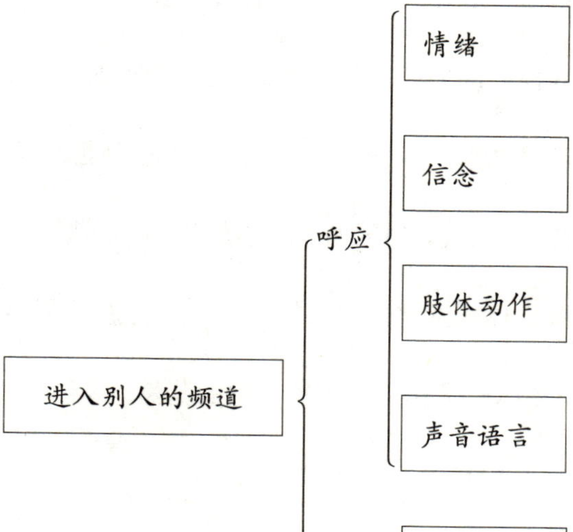

愿望三

让他人感觉你善解人意

考虑一下，人们无论如何也要做同样的事情，即使你将勃然大怒。

——马可·奥勒留

《沉思录》

情绪速配

第二天下班后，我带阿福来到了使馆区附近的一个非常有异国情调的酒吧。酒吧是我偶尔会去的地方，对我来说，它是一个很有趣的舞台，每一个人都能在这里找到自己的生活。我在酒吧里学到了很多东西，包括许多 NLP 的沟通技巧，我都是在这里练习、体会最后使用纯熟的。所以，现在我也带阿福来这里，希望他能更学得更快。

酒吧里的人不多，但是很喧闹，因为靠近门口的那桌有四五个年轻人在搞生日聚会，气氛异常热烈。我们在一个角落里坐下，要了两扎啤酒，开始聊起来。

“你知道为什么我带你来这儿吗？因为酒吧其实就是一个小的社会，你在这里能接触到很多社会不同层面的人。大家带着不同目的来到这里，喝酒、聊天或者是跳舞，你可以感受到，其实沟通是无处不在的，它决定了你生活的品质。”说着，我和他碰了一杯。阿福好像有点局促不安，一边点头一边说：“好啊，这里环境真的很不错。”

“OK！阿福，你先数数这里有几桌人，看看每一桌的人他们的情绪状态是什么样的。”我开始迅速导入正题。

阿福转头观察了一圈，说：“除了我们有三桌。靠近门口的那一桌好像在搞生日聚会吧，特别热闹；旁边的那两个男的好像在谈很重要的事情，表情有点凝重；坐在我们后面的那一桌可能是一对情侣，感觉很甜蜜。”

“很好！你观察得很细致。假如现在我要你和门口那桌开生日聚会的人们说，让他们稍微小声一点，你觉得你会怎么和他们说？”

阿福想了想，说：“我会说‘不好意思，各位，我们那边几个好朋友在聊天，你们能稍微小声一点吗？谢谢！’，就这样。”阿福说得**很小声**同时**很有礼貌**。

“你会用什么样的语气说呢？就像你刚才和我说的那样吗？”

“差不多吧！”阿福答到。

“你觉得你这样有亲和力吗？他们会听你说的吗？昨天我们说要进入别人的频道，我们要呼应别人的情绪、表情、姿势、动作甚至信念。你刚才观察到了他们很有激情、有活力，你为什么还是说的那么小声而且没有活力呢？”

“我没有想过，如果要真的那么做，会不会很别扭？”阿福看样子好像对这种呼应的方式有点反感。

“也许吧，刚开始练习这么做，总是会觉得很别扭的。不过，这么做很有效果，它会让别人对你的第一感觉很舒服。所以，NLP 中进入别人的频道，第一步就是**情绪同步，就是配合对方的情感状态和心境**。你刚刚观察的那三桌人，其实情绪状态都不一样。你刚才那种劝告的方式或许用在那对情侣身上效果会不错。而对那桌在谈事情的也许你就应该很慎重，或者干脆不去理会他们。因为一般人很难能进入他们的情绪状态，建立亲和力。”

恰好这这时候酒吧里又来了两个人，兴致很高的样子，他们顾盼左右，然后神采奕奕地走到了我们旁边的那桌人边上，其中一位高大的先生在那个正在凝神思考的人背后猛地拍了一下，并且用一种爽朗的声音笑着说：“你也来了，最近怎么样啊？”他这一拍使那个人手中的红酒都洒了一点出来，而这位可怜人才刚刚反应过来，用一种明显倦怠和冷淡的口吻小声说了句什么，那两个人很快便离开了。

我和阿福目睹了这一过程，这也许是生活中很常见的一种情形。有的人往往没有注意到别人正处在情绪低落的状态，偏偏用自己很充沛的言行来和他们沟通，结果弄得很尴尬。

“阿福，你看到了吗？这就是很典型的两种带着相反的情绪的人，在沟通中时常遇到的尴尬和误解。其实，要做到情绪同步并不难，重要的是你要理解为什么要这么做，因为这归根结底是一种对别人的**尊重**。你看刚才进来的那个男的，他完全不去观察别人，不顾及别人当时的情绪和感受，最后让别人感到的只会是：你不尊重我！同样，如果你过去和那几个情绪热烈的人用很没有激情的语气说话，打断他们的快乐气氛，他们也许会认为你在扫他们的兴。所以，配合别人的情绪很重要，这是你进入别人的频道最核心的力量。”

小贴士

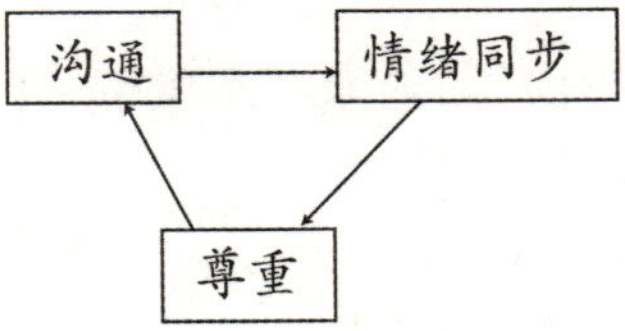

小心！危险词汇

阿福信服地点点头，和我碰杯。可是，我看他的表情，应该还是在思考着什么，要找出我的疏漏。阿福瞥了一眼那边开生日会的几个人，好像忽然想到什么，问我："只是情绪同步有用吗？比如，我去劝那几个人小声说话，我模仿他们的情绪状态，让他们小声点，他们就一定会同意我的建议吗？要是他们觉得来酒吧就是开心、放松的，想法不一样，怎么办呢？"

"你想得很周全，情绪同步毕竟只是第一步，它不可能解决所有的问题。要真正地解决问题，就要看你说什么了。尤其是在两个人出现分歧的时候，你要表达你的观点，措辞就显得特别重要。这时候，有一些刺耳的词是不能说的。"

"比如？"

"比如'**但是**'。假设你换了一种很兴奋的情绪去劝他们小声点，他们可能会觉得你还蛮亲切的，但还是会说：我们来这里就是想娱乐一下，放松心情，我们这样没什么不对！你可能立即回应说：你们开 party 要很有气氛，我很理解你们，**但是**这里是公共场所，不是你们自己家，你们要……对方恐怕不会接受你的劝告，就因为你说了一个词——**但是**。这是很多人讨厌听到的词，它会让你觉得对方在否定你说的话。”

“可是，不说‘**但是**’我说什么呢？总要有别的词来代替吧？”阿福很好奇地问。

“我忘了告诉你了，不光是‘**但是**’不能说，‘**可是**’也最好不要说，还有‘**就是**’也一样，类似性质的字眼都应该避免说。你可以找一些中性的词来代替它们，这样听起来会让人舒服一些。我所知道的最好的一个词叫作‘**同时**’。同样是刚才那句话，我们还可以这么说：你们开生日会很开心，我很理解你们，也为你们感到高兴，**同时**，是不是能请你们稍微小声一些，非常感谢……这么说是不是听起来平和一些，不是很刺耳？”

“听起来是要舒服一点。”

“对吧。这叫**合一架构**，是 NLP 里面的一种很重要的沟通句式，就是用**同时**把前后两个意思连接起来，让两个意思在你的话中处于**平等**的地位。比如你可以说：**‘我了解……同时……’‘我同意……同时……’‘我赞成……同时’**或者**‘我尊重……同时……’ ‘我感谢……同时……’**这些都是合一架构的表达方式。你知道为什么这种表达方式比用**‘但是’‘可是’**让人听起来舒服吗？”

“因为我觉得说‘但是’的时候，好像说话的重点是在‘但是’的后边。”

“对了，**因为‘但是’连接的两个意思是不平等的，**听的人会很自然地注意到‘但是’的后边，而觉得对方只是在强调后边的意思，否定了前边的意思，所以听起来会不舒服。比如说，我看你今天穿着很不错，我就开始夸你了。我说，阿福，你今天穿得很精神哦，衬衫颜色很适合你，领带很有特色，西裤也烫得很挺，**可就是**皮鞋太脏了，有点影响你的形象。你听了我刚才的评论，有什么感觉？”

“前面还挺入耳的，不过听到最后一句就有点觉得刺耳了。总的感觉不是很好。”阿福皱着眉头说。

“你看，我不是一直在夸你吗？可我一旦说了**‘可就是’**这几个字，你就立刻把注意力放到我后边的要说话上去了，你会觉得我其实想说的只不过是你的皮鞋太脏了而已。对不对？如果我现在用合一架构，你的感觉就会有变化。比如，我说，阿福，你今天穿得很精神哦，衬衫颜色很适合你，领带很有特色，西裤也烫得很挺，**同时**呢，你要是注意一下把皮鞋擦得再亮一点，可能看上去你会更有魅力。这一次你的感觉是什么样的？”

“好多了，至少听的时候觉得舒服一些。”阿福禁不住笑了起来。

“对吧。所以我们在表达不同意见的时候要避免用这几个危险词汇，它是争执的导火索，我们完全可以用合一架构来代替。所以，你从现在开始，也应该注意自己的用词喽。”

“我会的，这没什么难的！”阿福挺了挺胸膛，很有信心。

“我可听你说了不少刺耳的词了，你要小心哦，没你想的那么容易做到。如果今晚你再说的话，说一次罚一口酒。怎么样？”我半开玩笑地和他碰杯。

“没问题。我只说‘同时’！”阿福笑着说。

小贴士

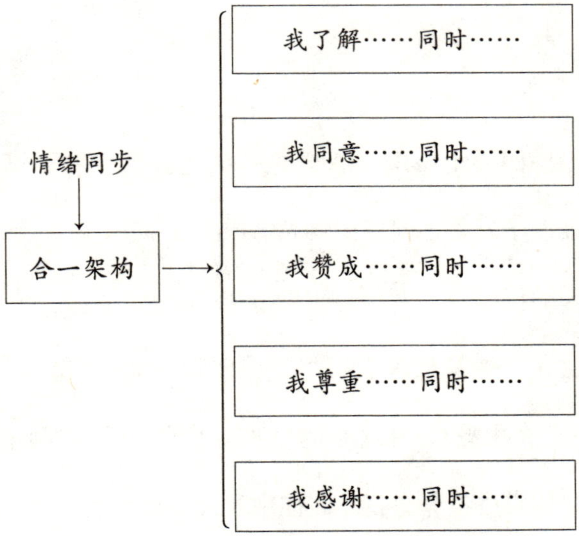

设身处地，同心眺望

在曼妙动感的爵士乐中，酒吧的气氛随着夜色的深沉而越来越柔美，人也渐渐多了起来。阿福的神情很悠闲，同时他并没有放弃思考，这正是他优秀的特质。

想了一会儿，他忽然呆在那里，失望地看着我说：“**可是**，不说‘但是’又有什么用呢？”我无奈地冲他笑了笑，说：“阿福，自觉地喝一口吧，我跟你说过不那么容易。你刚才说什么有什么用？”

阿福不好意思地喝了一口，急切地说：“我觉得不说‘但是’、说‘同时’并没有什么实质性的变化，即使我用了合一架构，我说‘同时’如何如何，可能在内心里我仍然不接受对方的观点或意见，我只不过用了这个词让对方听我说的话感觉舒服一点而已，可我们的意见还是不能够统一，也就是说我可能还是劝服不了他。我说的对吧？”

“你说的很对！这种合一架构只是一种表达方式而已，并不表明你的内心真的同意对方或接受对方。你也许会感到自己心口不一，嘴上说理解、尊重或同意，可心里恐怕一点都不这么想，所以问题还是得不到解决。你说的是这个意思吧？”

“是啊！那怎么办呢？”阿福有点不耐烦。

“很简单啊，你去**接受**对方的观点、意见不就行了吗？”

“可要是我根本不能接受呢？”阿福面有难色。

“其实，你可以接受他。**这个世界上没有两个人是一样的，没有两个人的价值观是一样的，所以你很难要求别人的观点总是和你的一致。**要知道，**任何事情都有它的两面性，有好的一面，也有不好的一面，因为每个人看同一件事情的角度或立场不同，观点也会不同。**别人的观点和你的不同，他的就一定百分之百错吗？”

“我觉得有一些东西，比如一些根深蒂固的观念我们根本无法改变，去迎合别人的！比如在公共场合要保持安静，考虑到周围人的感受，这是起码的道德啊！”阿福似乎有点生气了。

“你说得对，阿福。你没有必要去改变你自己的价值观和信念，完全**认可或赞成**别人的，你要做的只是**接受**对方，**接受**不等于**认可或赞成**。你也许无法认可一群人在酒吧里聚会时可以不顾周围人的感受，很随意的打闹，你甚至认为这样是不道德的；同时，你可以**接受**他们现在的想法和做法，你应该可以**理解**他们这样也很正常，或许你开生日会的时候会比他们还要吵，而且换个角度去看，这样热闹一点也给酒吧增添了不少气氛，不是吗？当你这么想的时候，你就会是真的理解、尊重、同意他，再用合一架构去劝说，他也一定能够体会到你的感受。所以，你可以试着去接受他们、尊重他们，设身处地地为他们想一想，问题仍然可以得到解决。”

“你这么一说，我还真觉得其实他们也没犯什么天大的错，都是很自然的。”阿福听了我的解说之后豁然开朗了。

“对啊，其实生活中的冲突、争执最初都不是什么了不起的事情，可最后为什么会造成很不好的后果？还是我们的沟通方式不对。首先，没有好的心态，不愿意设身处地地为别人想想；其次，没有好的技巧，不懂得建立亲和力，用让人接受的方式去告知或劝说，所以问题就越来越大，很难去修补。为什么总是把眼睛盯在你们的不同点上死死不放呢？你们没有一些共同的想法吗？即使真的没有，是不是也可以在完全没有交集的观点之间搭一座桥？”

小贴士

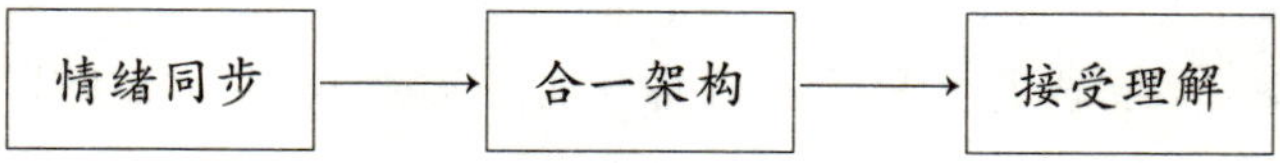

回到出发点再出发

“也就是说，我们可能有共同的出发点，尽管我们的想法不同，可我们最终的目的都是一样的，动机都是好的。”阿福似乎想到了什么，忽然很激动。

“对啊，这正是我要给你讲的一个解决问题很有效的方法，就是**回到问题的出发点，明确我们的目的**。生活中有很多的争执，其实只是双方的行为上有冲突，而最初的动机都是好的，一致的。比如教育孩子，你小时候父母打过你吗？”

“打过。我小时候很调皮，我父亲经常打我。”阿福一下子表情凝重起来，似乎一想起当年挨父亲揍的情景就浑身不自在。

“母亲呢？是不是会在一旁劝你父亲不要打你？”

“对啊！不过没有用。母亲是主张好言好语地教育的，可我父亲根本不听，他相信棍棒才能出孝子，所以他们也经常为了我而吵架。唉，都怪我那时候太不听话了……”阿福的言语里透出一丝伤感和愧疚。

“其实，他们都是爱你的，都希望你好，他们的动机都是善意的，只是所主张采取的行为有分歧。如果他们当时能明确这一点，可能他们不会有争执，因为这并不是什么大不了的矛盾。你也许可以免受一些皮肉之苦，因为一定有更好的解决问题的办法，对不对？”

“是啊！可父母一般都不会想这么多，把家庭的气氛弄得很紧张，真是太可悲了。”

阿福沉思的表情和发自肺腑的感慨让我想到，这确实是一个在普通家庭中非常严重的沟通问题——如何更有效地教育孩子？怎样让孩子们在一种和谐的沟通氛围中长大，并培养出一种好的沟通习惯，这是我们以后要进一步深入研究的课题。

“所以，现在你懂得了这个道理，你就会避免很多这种很愚蠢的争执。假如，你今天晚上真的去劝那几个人小声点，对方不同意，你们开始有了争执，这时候你就可以问对方：**‘您今晚来这个酒吧就是想吵架的吗？如果不是，请问您来这里本来是打算干什么的？既然大家来酒吧的目的都是想玩得尽兴、开心，那我们就一起来想办法解决这个问题，不要再为这点小事情争吵，破坏大家的心情，您看好不好？’**这样，你们的争执也许会立刻停止。你想想看，是不是这样？”

“是，其实大家的出发点都是好的，都想今晚在酒吧里过得开心一点。如果想到这一点，吵架就太煞风景了。”

“你现在可能明白了，等到你真正遇到一些争执的时候，你可能还是会头脑不清楚，一时冲动，干出偏离你最终目的的事情来。这是人的思维和行为的惯性，**习惯不是那么容易打破的，你需要用一个新的习惯去代替**。所以，你一定要多去练习才行。”

“是的。我一定会多去练习。”阿福很坚定地说。

酒吧里的人越来越多了，形形色色的人从白天的忙碌中逃到这里，而在这里，辞令和沟通的技艺充斥在每一个角落。我们喝完最后一口酒，一起向无尽的夜色走去。走到门口的时候，我们一起向那几个兴奋异常的中的年轻人点了点头，而他们也报以友好的微笑，似乎整个晚上我们都是在一起狂欢。

小贴士

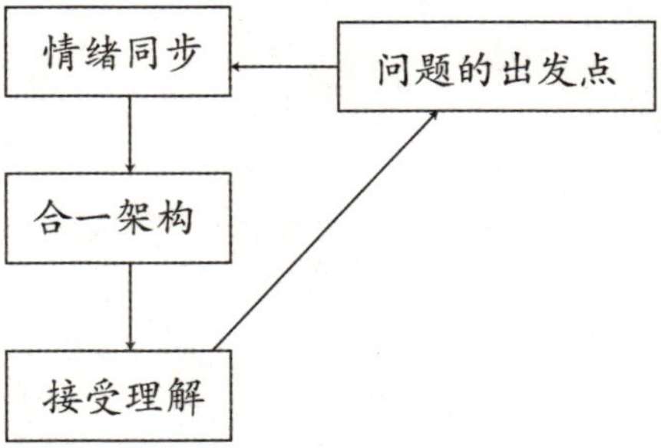

愿望四

展现你魅力四射的风姿

迷人的举止成为习惯就是一种性感。

——胡巴德

沟通似一场表演

阿福的沟通能力在不断进步，他不仅更加自信和富有爱心，而且在一些沟通的细节上也越来越注意，试图完善他的沟通技巧。看到一个新进人员的成长，以及同事对他的称赞，我很高兴。我希望他是一个能拿出实际行动的研究者，知行合一是最重要的。同时，我知道他还会碰到很多沟通问题，因为他仅仅了解和应用了很少一部分沟通技巧，而**沟通是一门伟大的艺术**，还有更多的东西需要我们去深入学习并付诸实践。

一个礼拜后的一个下午，阿福坐在那家酒吧一个安静的角落，神情恍惚地望着我，似乎什么也听不进去。他的整个身子陷在柔软的椅子里，像一只泄了气的皮球一般没有丝毫活力。我习惯性地附和着他所散发出的能量，模仿着他的姿势，和他一样皱着眉头，疲倦地靠在椅背上，用一种很慢、很低沉的语气问他怎么了。

他仿佛受了一些打击，前几天的行动力和热情现在已经荡然无存，有些惭愧地看着我说：“我还是没法和莉莉沟通，我们很难在同一个频道上，她那种急性子，总是在办公室里跑来跑去，一副不耐烦的样子，我不知道怎么和她相处？”

“你是说你很难进入她的频道是吗？”

“是的，我没法进入她的那种情绪状态，所以我们沟通的时候总是不顺畅。”

“没关系，阿福。我早就和你说了，这是很正常的事情。想和所有的人都有很好的沟通是不容易的，你还需要更多的学习和磨炼。你有没有细想过，是什么因素使你们不在一个频道上，比如你的身体？”

“身体？”阿福好奇地问。

“对，身体。有很多人认为沟通就是用嘴说话而已，他们把说话的内容放在第一重要的位置。这似乎很有道理。好，阿福，明天晚上我请你吃饭，好吗？”我忽然低下头改用一种很难过、很无力的语气说。

阿福被弄得莫名其妙，笑出声来。我继续演示，一边摇头，一边故意哭丧着脸说：“阿福，明天晚上到我家来吃饭，好不好？”

阿福这次明白了我的意思，笑着点了点头。

我看他明白了，于是笑着问他：“你觉得我刚才是真的想请你吃饭吗？是不是很滑稽？你会信我说的话吗？很多人都不知道一个很重要的调查研究结果，那就是人与人之间的沟通，**文字的影响力只占7%，音量、音调和语速的影响力占38%，其余55%的影响力则是你的肢体语言的表达。而且当你的文字语言和你的肢体语言所传达的意思不一致**

时，你往往接受的是肢体语言。你刚才肯定觉得我请客很没有诚意，对吧？所以，你要牢记的一个重要信条就是：**影响力的发挥，重要的不是你说什么，而是怎么说。**”

“哦，我明白肢体语言不应该忽略，可它真的有55%那么大的影响力吗？”阿福好奇的问。

“当然有。你看过流行之王迈克·杰克逊的音乐影像吗？”

“看过，非常棒！”

“你知道为什么迈克·杰克逊会有如此大的影响力吗？”

“因为他的歌很好听，而且舞跳得很好！”

“对了，重要的就是他的唱腔和舞姿。你想想看，如果把迈克·杰克逊的歌给一位光会唱不会跳的人在舞台上表演，效果会怎样？会有亿万歌迷为他疯狂吗？也许很难。所以肢体语言很重要，它所能传达的信息比语言文字要丰富得多。”

“可那是舞蹈啊！沟通又不是舞蹈表演！”阿福很不解。

“**沟通其实也是一场表演**，和迈克·杰克逊的现场表演差不多，你需要用语言文字、用声音和语调、用姿势和动作。如果你没有发挥你一半以上的身体的影响力，即使你的语言文字和声音语调很好，也就和迈克·杰克逊傻傻地站在台上一动不动的唱一样，很难打动别人。”

“这么说，我一直都忘了应该边唱边跳了？”阿福有些懊恼。

“对啊，或者说，你是在跳，只是你跳得既没有什么规则，也不是很好看，让人看不懂你在跳什么。”我打趣地说。

小贴士

沟通的影响因素
- 文字（7%）
- 音量、音调和语速（38%）
- 肢体语言的表达（55%）

神奇的模仿秀：镜面映现

“也就是说我应该还有很多影响力没发挥出来，是吧？”阿福有些兴奋。

“是啊，所以今天我就教你怎么在沟通中安排你的身体。”我开始导入今天的主题。

“哦！我也正想问呢，既然身体那么重要，我应该做出什么姿势动作呢？”

“很简单，你还是先进入别人的频道。记得我和你说过的模仿吗？你可以模仿别人的表情、姿势和动作。NLP 里有一个重要的沟通技巧，叫作**镜面映现，也就是像别人面前的镜子一样去仿效他的表情、姿势和动作。**”

“我明白，是不是因为这样做让别人觉得你和他很像，从而建立亲和力？”

“是的，不仅如此。当你模仿对方的表情、姿势和动作时，因为你们的表情、姿势、动作很相似，而**动作会创造情绪**，相同的生理状态会产生相同的心境，所以你会立刻产生和对方一样的情绪，很容易体会到对方的感受和想法，你和对方这时候在同一频率上，能量相通，沟通起来自然就比较顺畅了。”

“这个你以前跟我说过，可我还是不太相信！”

“这是心理学研究出的结论。你如果细心观察的话，会发现生活中这种镜面映现的情况是很普遍的，**当两个人的谈话很投机的时候，他们彼此之间的亲和力会很好，这时候他们的姿势动作会相似甚至相同**。不信你看那边。”我示意阿福看我们旁边那桌对坐着的两个女子。她们的脸上都带着淡淡的笑容，身体前倾，两只胳膊交叉的撑在桌面上，一看就是谈了很长时间，而且非常的投缘。

看到她们的姿势如此惊人的一致，阿福感到很惊讶。

“很有意思是不是？这是一种自然的、毫无意识的行为。而你现在要有意识地去仿效，结果也会和她们一样，气氛非常和谐。”

“看她们的样子确实聊得很好。那我要完全模仿对方的所有表情、姿势、动作吗？”

“当然不必。有些东西是不适合去模仿的，比如口吃或是腿脚不灵活这些生理上的缺陷，你模仿就等于是在嘲笑对方，不尊重对方，那根本也就谈不上建立亲和力了。”

“哦，那样做确实有点太过分了！”

“所以**应用这些技巧的同时你还要保持一定的弹性，要具备一些最**

起码的人际沟通的常识。模仿也是要有选择的，其实在表情、姿势、动作中，**表情是最重要的，姿势和动作则在其次**。因为人面部的肌肉连接着很多大脑神经，面部肌肉的变化会很有效地影响你的神经系统，从而使你产生不同的情绪。所以**人的面部表情是与人的情绪关系最大、最直接的**。你如果能把对方的表情模仿得惟妙惟肖，你其实已经基本进入他的频道了。这时候再模仿他的姿势和动作也就比较自然了。”

“所以，我应该先模仿表情，或者说主要模仿表情。可是如果要是模仿别人一模一样我想比较困难，而且我觉得那样对方肯定能觉察出来。要是对方知道你在故意模仿他，他会怎么想呢?”阿福对这一技巧也提出了他的质疑，一脸疑惑地看着我。

“你的担心很有道理。所以，怎样做到不让对方觉察出你在有意识的模仿他，就要看你的功力了！你能看出来我在模仿你吗?”

“好像看不出来什么。上次你告诉我，我就没看出来。”阿福笑着摇了摇头。

“你当然看不出来。因为我根本就没有模仿你什么，或者说我只是在表情、姿势、动作上部分的仿效你而已，我没有和你做得一模一样。比如你眨一下眼，我可能并不是和你一样眨眼，而是用手在桌子上轻轻地拍一下，我拍桌子的频率和你眨眼的频率一样，你就会感到很舒服。我这也是在模仿你，这叫作**交叉映现**。而这种映现你根本意识不到，除非我告诉你。”

“感觉有些不可思议。我看还是完全的镜面映现比较简单一点。”

“其实完全的镜面映现也不是那么简单能做得好的，你需要经常去练习才能做到很自然。”我再一次提醒阿福练习的重要性，因为技巧光是知道和了解是没有用的，关键是要通过使用把它转化为自己的能力。

小贴士

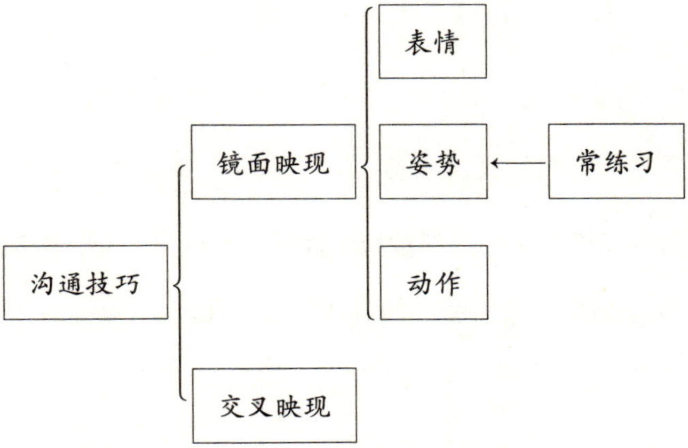

先仿效，后引导

阿福仿佛又恢复了往日的激情，仰起头看着天花板，大概在想明天可以把镜面映现用在和莉莉的沟通上，看看是不是真的有立竿见影的效果。

“那我怎么知道我模仿得成不成功呢？”阿福忽然发问。

“我以为你不会问这个问题呢，你是不是在想着明天可以模仿莉莉的表情、姿势、动作，然后想起来我还没有一个检验亲和力建立是否到位的办法，对不对？”我笑着问他。

“是吧。那有没有什么方法呢？”阿福也笑着追问我。

“有，其实这才是最重要的。**模仿只是一种过程而已，而你最终想要发挥你的影响力，你就应该领导他，引导他的行为。**所以，你想知道你模仿得是不是成功，也就是你的亲和力和影响力够不够，你就可以通过改变自己的表情、姿势或动作来引导对方改变，如果对方跟着你改变了，那就表示你刚才的模仿很成功；如果对方没有跟随，那是你模仿得还不太成功，亲和力建立得还不到位，你需要再回到模仿的状态，然后再去引导，直到对方跟随为止。”

“那不是一种循环了吗？要是对方老是不跟随怎么办？”

“只要你开始时模仿得很好，对方一定会跟随你的。**引导有时候并不只是要你去改变对方的肢体，而是让对方通过改变肢体来获得一种新的情绪和想法。**就像昨天莉莉来找我，和我谈她近来的生活和工作状况。我跟你描述一下我引导她的过程。她当时坐在我对面，整个身子都陷了下去，两只手交叉放在大腿上，皱着眉头，用很低沉的声音和我谈她最近的感受。我自然回应她的状态，微微地皱眉，放松身体靠在椅背上，手臂也让它松弛，同时耐心地倾听和询问。我让自己完全进入她的焦虑状态，就好像我就是她一样。”

“这是在做镜面映现吧？”

“对。在最初的十分钟里，我一直保持这样的状态，了解她焦虑的根源。在她说话停顿的一瞬间，我冲她笑了一下，然后慢慢地直起上身，并且稍稍前倾，两只手撑在桌子上，掌心向上，这时候她的身体和表情开始松动了，很自然地也把双手撑在桌子上，开始转入一种思考的状态。你看，我并没有帮助莉莉解决掉她所有的问题，可我至少通过肢体的伴随和引导把她引入了一个我希望她具有的身心状态，在那个状态上她会看到更多解决问题的可能。”

“哦，这真是一个不错的方法！那我引导的时候，他要跟随我一模一样的动作吗？”

“不必。就像模仿一样，跟随也可以是**交叉**的，他不必完全一模一样的跟随你的动作，只要他做的动作和你引导的很类似就可以了，比如你说话停下来，顺手去拿了杯子喝水，他可能只是身体向前动了一下，或是胳膊抬了一下，都可以算做是跟随你的动作。”

“哦，也就是说不必那么严格了。”阿福很兴奋。

“是的，你以后可以试一试。不过，我还是想提醒你，不要急于去做引导，仿效是你一定要先耐心去做好的，如果你仿效得不到位，没有建立亲和力，想要引导对方是很难的。所以，你记得一句话：**任何说服都是以建立亲和力为基础的。**而说服无处不在，不管你是销售产品、谈判还是邀请别人看电影、安慰朋友等，你都要先建立亲和力，进入对方的频道，否则，对方可能不会接受你的产品、意见或是邀请。你明白了吗?”

“明白了。”阿福点了点头。

“只要你愿意反复去练习，你也可以仿效得很好，也能够很轻松地引导别人。所以，不要灰心，慢慢来吧。**这个世界上没有不能沟通的人，只有你不知道该如何与他沟通的人。**”

这是我多年来的沟通信条，我一直用这句话来激励自己去和我交往的每个人建立很好的关系。不管他们是谁，他们对我抱持怎样的态度，我都相信，只要我能够不断地调整自己和他的沟通方式，我迟早会和他有良好的关系，我最终一定能在他身上体现出我的影响力。所以，我也非常希望阿福能够牢牢地记住它，无论以后遇到任何沟通障碍和难题，都应该有这一信念。

小贴士

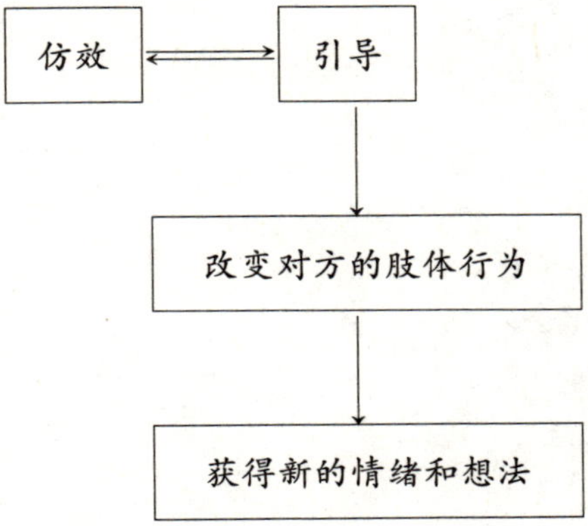

愿望五

让你的声音动人心弦

声音的契合

在接下来的那个星期，阿福一直在注意和别人做镜面映现，有几次他来和我谈事情的时候，也有意识的模仿我的动作和姿势，这使得我们的沟通也在变得越来越好。我很欣赏阿福的这种勇于尝试和探索的精神，因为唯有不断地在每一次和每一个人沟通的时候去练习使用这些技巧，一个人的沟通能力才会进步。你并不是要等到去谈判、面试或约会的时候才用得到它们。

阿福建立亲和力的能力在一天天地进步，可我仍然担心他是不是可以和一些对他来说很头疼的人物相处融洽。对于那些所谓的难缠人物，忽略了亲和力的任何一个要素都有可能导致沟通的失败，因为沟通是全方位的，它是一场表演。

令我吃惊的是这一次是莉莉先来找的我，她苦闷的情绪似乎仍未完全摆脱，声音很平稳，既不像她平时说话音调那么高，也不像她上次找我的时候那么低沉，而是一种让人很愉快的柔和。她说她和公司里有几个同事工作上配合得不好，希望能有一些解决的方法。莉莉一直是一位工作很积极负责的人，她对工作的热情是每个与她共事的人能感觉得到的。不过，她也许并没有意识到有时候这种过剩的能量也会招致一些麻烦。

“莉莉，你的工作很投入，这一点大家有目共睹。你的工作热情在感染着公司里的每一个人，这很好。同时，也许你可以在适当的时候，或者和某些同事相处的时候，保留一些精力，这样我想会更好。尤其是你说话的声音，如果你能说得慢一点，控制一点语调，就像你现在这样，或许阿福和小东他们会更能接受你。”

“我没有想过要去控制我的声音，我天生就是这样说话的，我想这是改不了的。”莉莉无奈地耸了耸肩膀。

有很多人都和莉莉想的一样，他们总是认为自己的沟通方式或是处世方式是天生的、改不了的，这成了他们拒绝改变的最堂皇的理由。其实，这种改变绝没有人们想象的那样困难。虽然，我们从小到大一直在发展并稳固一套相对僵化的思维和行为模式，可只要我们有这个意愿和决心，改变总是可以实现的。莉莉完全可以把说话的声音变得更温柔，她现在就做到了，谁说她改不了呢？

“莉莉，你可以有意识地去改变你的声音，因为你很有活力，我想大多数人都愿意和你在一起。只是有时因为你说话的语调和音量，听起来好像你很咄咄逼人、不好相处。所以适当地调整一下自己的声音对你会有很大的好处。这是因人而异的，你要配合和你说话的人的声音，和他**音量、语速和语调同步**。也就是说别人说话声音语速慢，你也要慢；

别人说话语调低，你也要低；别人说话不流畅，老是有停顿，你也可以多停顿一点。”

“怎么配合呢？每个人说话的声音都不一样！”莉莉的音调又开始高起来。

“你说得对，不仅每个人说话的声音不一样，每个人在不同的时候说话的声音也不一样。比如像阿福和小东那样，**说话的声音很低沉，说得很慢而且停顿比较多的，我们把他们叫作感觉型的人**，感觉型的人通常通过触觉或内心的感受来接收或传达信息。像玛丽和我这样的，**说话不急不慢，非常平稳、呼吸也比较均匀的，是听觉型的，**听觉型的人习惯用耳朵的听觉来接收信息，喜欢侧耳倾听。还有一种类型的人**说话语速比较快，而且音调也比较高，说话时呼吸短促，我们称之为视觉型，**视觉型的人喜欢用眼睛来理解周围的世界，通过图象来记忆和思考，说话时喜欢耸肩伸颈。你知道公司里谁是视觉型的吗？”我笑着问她。

“我！”莉莉不好意思地点头，笑了笑。

“对了！上面这种分法是根据我们的侧重的**感官方式**，也就是我们**比较倾向于使用的某种接收和储存信息的方式**来分的。你知道，我们每一个人都有视、听、触、嗅、味五种感官方式，这五种感官方式共同组成我们的**表象系统**。在沟通上，比较常用的就是视、听、触这三种。其实，没有哪一种类型是不好的，或者说没有好坏之分，你也不用因为你是视觉型的而感到有什么不好意思的。同时，我们必须承认，不同类型的人在一起交谈时，感觉会很不一样。你是很典型的**视觉型**，说话的音调比较高，语速比较快；而阿福却是典型的**感觉型**，说话音调低，语速比较缓慢。你们的说话方式通常很不一样，所以，你现在明白为什么你和他之间的沟通会有障碍了，因为你们听对方的话会总觉得不顺耳。”

“是啊，有时候就是看他们说话或是做事情慢吞吞的，不是很利索。有些事情明明很着急，他们也不是很配合，我就是觉得和他们一起工作挺别扭的。”

“你现在明白了，其实他们说话语速慢，或者说话老是停顿，并不代表他们不配合你的工作或者没有工作热情。因为这只是他们的说话的方式而已。所以，你不仅不要有这种误解，而且还应该尽量在音量、语速和语调上和他们同步，这样你们听彼此的话才会更顺耳，你们之间才会有很好的亲和力。你说对吗？”

“对，我明白了，我以后会注意到控制声音的问题。”莉莉很有信

心地说。

“那好，你去工作吧。顺便把这盘磁带交给阿福，让他听一听我们刚才的谈话。”我录下了刚才的对话，希望阿福能听到这些，有所启发。

小贴士

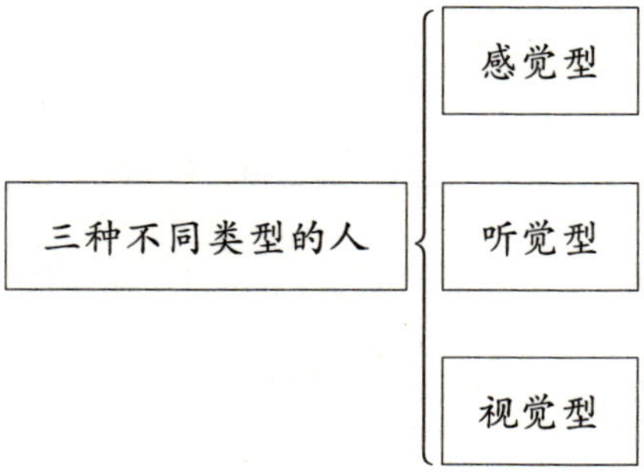

体贴入微的语气

第二天一早，我办公室的门再一次被敲响，这一次是阿福。他手里拿着那盘磁带，表情有些木然，有点沮丧地坐在我对面。

“这盘磁带我昨天听了。我觉得配合别人的声音确实很有道理，同时我还是有一个疑问：我们要呼应别人的音量和音调对吧？那如果对方的音量很大、音调很高，或者说对方根本就是在生气发怒呢？我也要和他一样说得很大声吗？”

“哦，你这个问题提得非常好。如果对方用吵架的语气，你是不是也要用吵架的语气和他说？或者如果对方一边哭一边讲他的伤心事，你是不是也要用哭的腔调去安慰他？是吧？”

“对啊！我觉得要是那种情形下也完全去配合他们的音量、语速和语调，对方也许感觉不到有任何的亲和力！就像昨天，我刚听完磁带，就听见莉莉和小东在为一个客户的事情争执，小东和莉莉都没有控制好自己的情绪，说得很急、很大声。我就去劝他们，用刚刚学到的声音同步的方法，对他们说了一句‘你们吵什么呀’，结果他们都很不高兴，竟然叫我不要捣乱。”阿福不好意思地笑了。

确实很好笑，没想到阿福一学到这个技巧就把他用在了一个很棘手的地方，难怪他看上去有种受挫的感觉。

“哦，这是个很特别的问题，我们可以来一起探讨一下这几种特殊的情形。比如就像你刚才说的，如果别人发火了，你该怎么去和别人说话。我想，你仍然应该用对方的音量、语速和音调，同时你还要注意你自己的用词。完全不去仿效对方的声音是不行的，假如两个人在大嗓门的吵架，你却用一种**很轻柔**的声音在一旁说‘你们别吵了吧，有什么事情好好说不行吗’，那两个人未必会理你，因为你说话的方式会让他们感觉你和他们不是一路人，或者根本不在一个情绪状态上。你的轻声细语等于是在说：我根本搞不懂你们在吵什么，我不理解你们。所以，那样是很难劝服他们的。同样，如果你和某个人在吵架，他向你发脾气，你说得很温柔往往也没有什么效果，**你要用和他一样的语气去把他的状态反映出来，这样有时候他反而会因为意识到自己的情绪失控而收敛。**”

“那我昨天也是这样说的啊，为什么不行呢？”阿福反问。

“问题就在于，你在和对方用同样的语气时，你不能和对方吵，你的语气和他相似，可你并不要和他争吵，**你可以和对方一起表现出声音很激动，但你不要抱怨对方，你应该让对方感到你是理解他的，你和他站在同一立场**。像昨天你说‘你们别吵了吧’，你也许是想劝他们用更好的办法来解决问题，可也许他们误以为你嫌他们太吵，所以他们认为你不仅没有和他们站在同一立场，甚至还怀有一点敌意，他们自然不会听你的劝告了。你想是不是这样？”

“你是说我其实是在抱怨和指责他们？”

“对啊，你也许不是这个意思，可他们听到的意思却是这样的。还有一点你要注意的是，音量、语速和音调的同步，也可以是去**交叉映现**的，你不必一模一样地去映现别人。尤其是别人在生气发怒或是伤心流泪的时候，你不必去完全模仿他们说话的声调，这就好像你在模仿别人的动作的时不应该学别人一瘸一拐一样，因为那是别人的缺陷。同时，你也不要完全不顾别人说话时的语气，别人大声吼，你小声哼哼；或者别人跟你哭着诉苦，你还用特别高兴的语气说‘没关系啦’，这也是不行的。”

“那我该怎么办？”阿福似乎有点发蒙。

“最好的方法是：别人说话音量大，语调高，很生气，你也和他一样音量大、语调高，只是你不要做到他那样的程度。也就是说如果他有**九分**的大声，你只要**六七分**就可以了。同样，别人要是跟你哭着诉苦，你也要用类似的伤心语调和他说话，只是你不必和他一起哭，你只要**认**同他现在的心情就可以了。因此，**你要仿效的是别人所传递出来的能量，只要你传递的能量和对方传递出的能量性质是相同的，不是相反的，你就可以获得对方的好感。**”

“哦，我明白了。昨天我劝说的语气可能不对，让他们误解了我，以为我在指责他们。看来以后还要注意到语气的问题。”阿福终于明白为什么昨天莉莉和小东根本不听他的劝告了。

小贴士

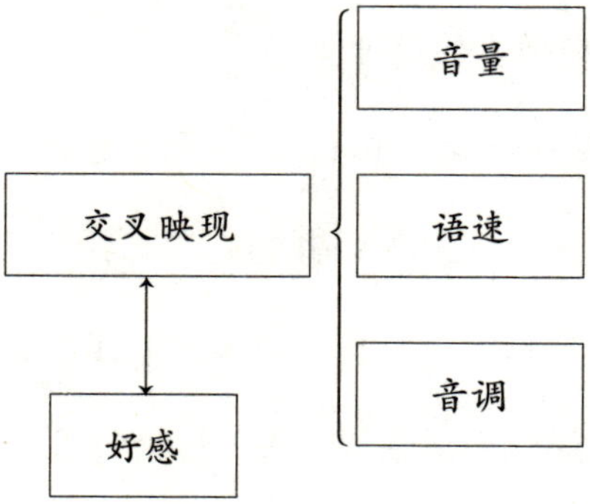

化解语言的恩怨

“没错，控制你说话的语气和控制语调、音量一样很重要，声音会影响到你38%的影响力的发挥。同时，你也不要一点也不考虑还有7%的语言文字的影响力，就像你昨天劝莉莉和小东一样，你劝说的方式有问题，其实你说话的内容还可以斟酌一下，可以更有说服力。”

“我应该怎么说？我觉得我把意思表达得很清楚了啊！”

“你可以说得更明白一点，他们或许会更能感受到你的一番好意。你可以说‘莉莉、小东，你们两个刚才说的我都听到了，我想小东你的**感受**莉莉都可以**明白**，大家现在不如想一想怎么样把这个问题解决掉，争执于事无补’。这样说，是不是比你说的要更清楚一点？”

“是。”阿福很认真地点了点头。

“所以，你看说话的内容也不是一点都不重要，它毕竟还有7%的影响力。遣词造句也是一门艺术，需要去掌握一些技巧。”

“是不是要多去看一些书，扩大知识面，掌握更多的词汇？”

“其实，对于沟通来说，这个还不是最重要的。有时候那些你学到的新的知识和词汇反而会影响你的沟通。”

“怎么会呢？”阿福一脸的疑惑。

“怎么不会呢？如果你学会对这个问题进行**重新框视**就行了。”我凝神看着他。

“什么？框什么？”阿福更加迷惑了。

“你不懂我在说什么是吗？其实我是叫你去**换一个角度去看这个问题**。你为什么不懂？因为我说了一个术语**‘重新框视’**。这对我来说是一个常用的词汇，可对你来说根本就没听过。如果我和你每一次沟通都说一些你从来没听过的词，你会不会愿意听呢？”

“当然不愿意。”

“所以，要挑选你用的词。要学会和对方**语言文字同步，也就是呼应对方所使用的词汇，比如对方的口头禅、惯用语或是术语，说出对方口头语言。不要说一些只有你自己或你们那个群体才明白的术语或是俚语**。因为当你说出对方所使用的语言时，对方听你的话就觉得特别顺耳，而且认为你和他是一路人，感觉你很亲切。如果你总是说一些对方不懂的术语或俚语，这样不仅会造成沟通上的障碍，而且还可能引起对方的反感。”

“哦，我想这个很重要。我常常碰到一些人只说他们自己能听懂的那些术语，确实很让人恼火，好像很爱卖弄。不过，如果碰到那些爱说术语的人，怎么进行语言文字同步呢？”

“好问题！我和你一样，也常常碰到这种爱卖弄的人，我可以告诉你我是怎么做的。首先，我会看各类书籍和接触不同职业的人来**扩充自己的知识**，让自己的知识面更广，这很重要。其次，如果今天我碰到了一个从事我不了解的职业的人，而且他喜欢说他的术语，我会很谦虚的**问他那些术语的意思**，让他解释给我听。最后，我会在接下来的谈话中**使用那些术语来回应他**，也就是说和他语言文字同步。其实，你会发现他们不一定是喜欢卖弄，他们说那些术语多半是出于职业习惯。”

“哦，这个方法不错，我以后一定要试试。”阿福兴奋地说。

小贴士

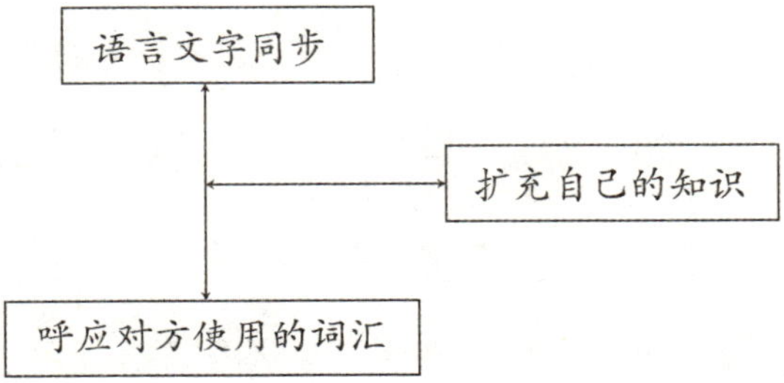

你所不知道的甜言蜜语

“像这种语言文字同步，是很简单有效的。而且当你使用这一技巧的时候，对方也会意识到你和他是相像的，因为他听到了你和他使用的是一样的语言词汇。还有一种更巧妙更有效的方法，可以让你说出的话听起来更顺耳、更亲切，那是一种你所不知道的甜言蜜语。”

“是吗？那是什么方法？”阿福急切地问道。

“你还记得我们根据人们感官方式的不同倾向把人分成的三种类型吗？”

“记得，那盘磁带里你说到过！”

“好。有三种类型：视觉型、听觉型和感觉型。对吧？你知道他们说话的方式很不一样，有的快有的慢，有的高有的低。还有一个很有意思的地方，就是这三种类型的人习惯用的感官用语也不一样。”

“什么是感官用语？”

“感官用语就是一个人在处理信息和表达信息时习惯使用的和感官

方式有关的词语。比如，**看起来、听到、觉得**等。**视觉型**的人倾向于用眼睛来处理信息，所以他们喜欢说：**看起来、看上去、观察、瞧瞧**等。**听觉型**的人倾向于用耳朵来处理信息，所以他们习惯用：**听上去、告诉、谈谈、讨论**等。**感觉型**的人倾向于用触觉来处理信息，所以他们总是说：**觉得、感觉、处理、压力**等。比如你就是感觉型的，所以你经常说**'我觉得'**或是**'我感觉'**。可能你自己都没意识到。"

"可能吧，我是习惯说**'我觉得'**。不过，你是听觉型的，为什么我不怎么听你说**'听上去'**之类的词呢？"

"没错。我和你说话时很少用听觉型的词，因为我要用你的语言说话，用你的感官用语，所以我会和你一样说**'觉得''感觉'**这些感觉型的词汇。这就是我要教你的方法，就是使用对方的感官用语去和对方沟通。**你不一定要和对方说一样的词，只要你使用和对方同一类型的感官用语就可以了**。比如，对方说'我没有**听懂**'，你可以说'我再和你**说**一遍'，或者对方说'我不太**清楚**'，你可以说'那你再**看看**吧'，是不是很顺畅？"

"不错，那要是我不用对方的感官用语呢？会有什么问题吗？"

"会有问题，只不过这个问题一般情况下你觉察不到而已。比如，对方问你'你能**感觉**到吗'，而你却说'我**看**不出来'，或者对方说'让我们来**讨论**一下'，你却说'我**看**你最好先给我**浏览**一下书面材料'。你能体会出两个人使用不同的感官用语所造成的沟通障碍吗？这样的交谈是不是很别扭？"

“是有一点。可谁会去注意这些细节呢？”

“不注意这些细节，沟通就会出现障碍。每个人都在说自己的语言，不管对方是不是习惯，最终双方可能都没有听进去对方的话，因为这些话不符合自己的感官方式，而不被接收。甚至听对方的话老是莫名其妙地觉得不舒服。”

“如果我用对方的感官用语呢？”

“他会觉得说不出为什么会听你说话很顺耳，也就是说他的意识觉察不出来。如果我是你，我在昨天劝莉莉和小东的时候，就会在考虑语调、语气的同时使用感官用语。所以，我会说：‘莉莉、小东，你们两个刚才说的我都听到了，我想小东你的**感受**莉莉都可以**明白**……’因为小东和你一样是**感觉型**的，而莉莉是**视觉型**的，所以我把小东的感觉化为莉莉的视觉，这样，他们听起来都会很顺耳，而且容易相互理解。”

“哦，有意思。不过，我还是觉得要判断出别人的感官用语的类型并不容易，大部分人的特征都不明显。”阿福一边思考一边说。

“你说得对。其实，大部分人你从语言上都不容易分辨出他的类型，所以有时候可以从他说话的语速语调上去判断。如果从语音语调上你也分辨不出来，那你不妨在和他说话的时候**视觉、听觉、感觉三种类型的感官用语一起使用**，看看哪种比较容易打动他。”

“哦，好主意！三种并用，对方就逃不掉了！”阿福惊喜地叫到。

“对啊，你去观察那些技艺高超的演说家或是作家，他们都擅长同时使用各种感官类型的语言来调动听众或读者的情绪的，不光是视觉、听觉、感觉，甚至还包括味觉和嗅觉。他们通过这种方式，让人们在听或读的时候能有更丰富的感受。所以，你可以在以后的写作和说话中用这个技巧。”

“太棒了！我要是早知道的话，就能写出更多更有吸引力的文章了。好了，我知道该怎么做了。我先走了！”阿福看上去异常兴奋，我从未见过他有那样的神采。他一直爱好写作，我想这个技巧对他的触动会很大，因为他会发现像莎士比亚那样的语言大师和马丁·路德·金那样的影响整个人类的演说家，都是有意或无意地使用这样的语言表达技巧来使得全世界为他们所陶醉和感动的。

我看着他惊喜的神情，如获至宝一般匆匆地离开了我的办公室，似乎所有语言的奥秘和沟通的秘诀都握在他的手中。这正是 NLP 带给人们的快乐，很多朋友在了解到一些 NLP 的沟通技巧后都会觉得心中一阵狂喜，似乎一下子破译出了开启别人心灵的密码。其实，当他们有一天真正开启别人心灵之门的时候，他们会体会到更大的快乐。

对于阿福来说，沟通能力的提高仍然需要一段时间的磨练，尽管他已经学到了不少 NLP 沟通技巧，可是有些东西他可能一时还无法完全领会其中真谛；另外一些他虽然透彻地理解了，但要做到熟练地使用，还要在生活中反复体会和练习。

小贴士

感官用语

- 视觉：看起来、看上去、观察、瞧瞧
- 听觉：听上去、告诉、谈谈、讨论
- 感觉：觉得、感觉、处理、压力

愿望六

进行一场完美的谈话

对有些人来说，谈话的艺术就在于毫无艺术可言，犹如穿衣，轻松舒适即可。

倾听者才是主动者

一转眼，阿福来到公司已经半年了，因为他这半年来在工作上积极出色的表现，十月他有机会获得半个月的长假。或许这对他来说是重要的，他可以在这段完全属于自己的时间里好好总结一下这半年来的收获和教训，整理一下心绪，更积极地投入到接下来的工作和生活中去。

十月末的一天，我收到了阿福从北戴河给我发来的电邮，近半个月来他一直和女朋友在那里度假，在海边一起回忆从前浪漫的日子，却发现已经很难再找回那种美好的感觉了。他说，有时候他们甚至不能进行一次很完整的对话，往往谈到一半，就因为误会或是不同意对方而终止了。坐在海边的沙滩上，他们彼此以沉默来交流。我能感受到阿福在信中流露出

的一丝疑虑和渴望——渴望一场完美的谈话。

下午的阳光透过干净的玻璃窗泻在暖暖的咖啡馆里，这样的季节多少有一些怀旧和伤感的气氛。我非常耐心地倾听着阿福讲述他的心情，他讲了很多，看得出来，他非常怀念他们从前的时光，那段可以彻夜畅谈、毫无倦意的时光。那时候，相互倾谈似乎就是他们最大的快乐。可现在呢，阿福说，他们已经害怕谈话了，因为那常常是争吵的开始。

“阿福，我理解你现在的心情。也很愿意帮你找回那种热恋的感觉。你所学到的那些关于建立亲和力的技巧都很有用，可你还无法掌控一次谈话，因为你还没有学到与人交谈的一些技巧。谈话和写文章差不多，它是有一定的规则和脉络的，你不能随心所欲，尤其是和你自己最熟悉的人，更要注意这一点。想想看，你是不是在和你女朋友沟通的时候没有考虑到这些东西？”

“也许吧！有什么规则呢？我们以前谈话时也没有注意到什么规则啊！”

“是啊，那时候你们刚刚认识，情投意合，你们其实把那些规则都用得很好了。最起码你们那时都很注意听对方说话，对吧？”

“是，这样我们才能更多地了解对方。”

“可现在呢，你们都不再愿意耐心地听完对方的话了，你们已经忽略了谈话的一条重要的 NLP 谈话信条：**倾听者才是主动者**。想想看，你是不是经常不等她说完就打断她的话？”

“是的，可是我觉得我能知道她接下来还要说什么，我很了解她！”

阿福的语气很坚定。

“是吗？那争执或误会又是怎么来的呢？”

“我……”阿福一时说不出话来。

“其实，你多半猜错了她接下来要说的意思，或者说，你并没有你自己以为的那么了解她。所以，为什么要倾听，为什么要听完对方的话？就在于你只有**听而且听完**对方的话，你才能了解到对方到底要说什么，他到底有什么疑问或者需要。在没听清楚对方的话之前，最好不要急着作任何判断。”

“是，我明白。可有时候我并没有误解她的意思，我只是觉得她的想法太荒谬了，我没法接受，所以我不想再听下去。”

“为什么你不愿意听下去呢？就因为她的想法和你的不一样吗？为什么不耐心地听完，然后站在对方的立场想一想呢？”

“是啊，其实我也想站在她的立场去想，可我还是不能接受。她有时候太固执了！”

“所以你不愿意听完她的话，是吗？你记不记得我们以前谈到过要尊重别人，**倾听本身就是一种尊重**。耐心地听完别人的话，你会有什么损失吗？假如今天你的女朋友提出了一个即使你认为荒谬透顶的想法，或是给了你一些你认为毫无根据的批评，你耐心地从头听到尾，而不去打断她或和她争辩，想想看，你损失了什么？”

“……好像……也没有什么！”阿福有些结结巴巴。

“好，那你有没有可能得到什么呢？”

“我想，恐怕也很少吧！”

“是的，很少。不过，也有可能你能从她的话中得到什么启发呢。只要你愿意换一个角度去看，这些想法和批评总是对你有好处的，对不对？”

“对，可我有时候就是没有什么耐心。”

“你会有耐心的，只要你记住两点：第一，**耐心的倾听对你来说不会有什么坏处**，即使你听到的都是废话，你至少也表达了你对说话的人的**尊重**。第二，**不要总是用你的价值观和价值规则来要求对方**，不要一听到和你不同的观点就不愿意继续听下去，这个世界上每个人的价值观和规则都不会完全一样，别人和你的观点不一样，这很正常，很难说哪一方一定是对的或是错的。所以，耐心地倾听，你不仅仅是在尊重对方，也是在从对方那里学习一些新的看事情的角度。这样不是很好吗？”

“对。看来以后要做一个好的听众了！”

“要做一个好的听众！同时，你当然不仅仅是在听，不像听电台节目，那是单向的。谈话应该是相互的，所以你不仅要懂得听，还要懂得怎么说！”

小贴士

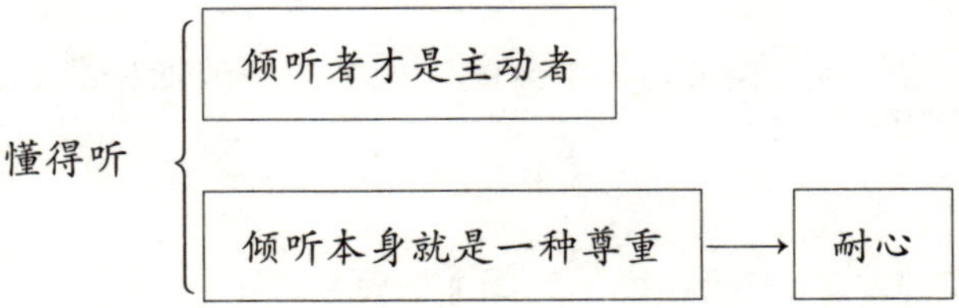

不要臆测对方的意思

“是不是就是要和对方语速音调、语言文字同步？”

“不光是那些，那些建立亲和力的方法当然很重要，它是进行一次好的谈话的基础。谈话进行中重要的是如何协调**听和说**。你可能见过有些人说话滔滔不绝，一说就停不下来，你觉得这种人很会交谈吗？”

“有时候这样的人也会让人觉得很烦。”

“因为他们说的太多了，对不对？还有一些人可能只是一直在听你说，既不发表见解也不提出问题，你觉得这种人呢？”

“我想这样的人有点太木了！”

“你觉得这样的人很木，是因为他说的太少了。所以，在一场谈话中，我们要协调好**听和说的时间分配**，说的太多或太少都不是一流的沟通高手。”

“那应该怎么分配听和说的时间才合适呢？”

“一般来说，**我们应该花 80% 的时间去倾听，而用 20% 的时间去**

说。因为是听的人在掌控谈话，而不是说话的人。你知道为什么吗？”

“因为听的人了解到了很多对方的疑问或是需求！”

“对，因为倾听的人通过80%的时间倾听而得到了很多信息，同时最重要的是：**好的倾听者要花余下20%说的时间中的80%来问对方问题。”**

“问问题？问什么问题呢？”

“首先，我们要学会通过问对方问题来明确对方话语的真正意思。”

“真正意思？什么真正意思？”阿福不解地问。

“你不明白？好，阿福，我问你，我跟你说**‘树木’**这个词的时候，你会立刻联想到什么？”

“**树木**？我会想到森林……或是木材吧。”

“OK。不过，我想到的和你的不太一样，或者说根本就没什么关系。因为我们说的根本就不是一个词。”我拿出一张卡片，在上面写下了两个字：**数目**，递给他。

阿福张着嘴，一边笑一边惊讶地望着我，说：“你说的原来是**‘数目’**啊！我一直**以为**你说的是**‘树木’**呢！”

“你为什么要**以为**呢？你要是刚才先问我‘你说的究竟是**‘树木’**，还是**‘数目’**，不就行了，我们也不会产生那么大的沟通障碍，是不是？”

“是啊！可我刚才真的没想到**‘数目’**！”

“对，你没有想到，你没有想到并不代表没有另一种可能。语言文字是我们沟通的载体和桥梁，同时它也是一种障碍，很多误解都是因为文字造成的。所以，**你要学会通过提问来明确别人真正想说的意思，而不是去猜测对方的想法**。因为臆测常常会产生很大的误解。是不是？”

“那我怎么去问呢？”

“很简单。**你只要把对方刚才说的复述一遍，然后问对方是不是这个意思**，就行了。”

“你的意思是说，对方说完以后，我用我自己的理解方式复述一遍他的意思，然后让对方确认，是吗？”

“对啊！你刚才这句话其实就是在这么做。这应该成为一种谈话习惯，你要不断地去让对方确认，这样误解的概率就会很低。生活中的很多误解都是因为双方意思表达的不明确或是不完整而造成的，我们总是一厢情愿地**以为**很多事情，以为别人理解你，以为别人会想到，以为对方是这个意思。可事实上呢？如果你问了，你就会发现，你的以为根本就是自己的胡编乱造。”

“唉，真的是这样！昨天下班本来心情还不错，我买了一大捧红玫瑰去接我女朋友，准备和她一起吃晚饭。谁知道她一见我就好像很不高兴似的，冷冷地说了一句‘**买什么花啊？**’我听了当时就有点生气了，就说‘**怎么了？给你买花还不高兴？你不是老说我不送花给你吗？**’她一下子脸色就变了，说我假装浪漫、体贴，其实根本不情愿送花给她，没有诚意。就这样，原来以为会是挺好的一次约会，变成一次莫名其妙的吵架。”阿福一脸的无奈。

“其实，她说‘买什么花啊’，这句话可能没有什么指责你的意思。”

“没错。后来晚上，我们在电话里平心静气地谈了好长时间，想找找这次争吵的原因。最后发现原来是我误解了她的那句话。她的意思其实是想说，**鲜花太贵了，这样实在很浪费**。她说她一点都没有不高兴，她心里特别激动，只是脸上故意显露出生气的表情，一是觉得自己一直很少收到我送她鲜花感到委屈，同时还想摆摆架子。唉，我当时怎么不问问清楚呢？”

“你现在有体会了吧！如果昨天你就知道了要去问问题明确对方的意思，也许你们之间就不会出现一场争吵了，对吧？”

“是啊，我要是问清楚她的意思，就不会吵了。”阿福点了点头。

小贴士

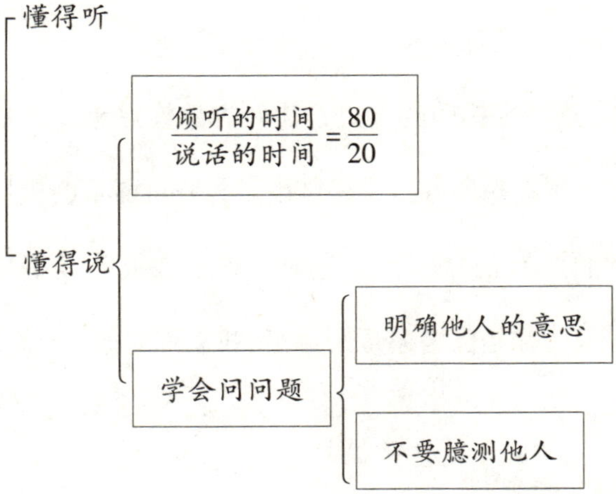

掌握积极的提问技巧

“所以，你现在知道，通过问对方问题来明确对方的意思很重要。同时，你不光要明确对方的意思，你还要**通过问问题来吸引对方的兴趣**。”

“哦，怎么吸引对方的兴趣呢?”阿福好奇地问。

“很容易，你只要一直让对方同意你的看法，点头说是就行了。”

“那对方如果不同意呢?”

“所以你要选择好提问的方式，让对方始终点头。这是需要一定的技巧的，比如我现在想问你是不是结婚了，我可能不会直接问你‘结婚了没有’，因为你会说‘没有’，这时候你是在摇头。不是吗?所以我会这么问：阿福，你是已婚还是未婚?”我立刻问他。

“未婚。”

“哦，你未婚是吧?”

“是的。”

“你看，你现在是在点头，本来这是一个可能让对方摇头的问题，我换了一种问法，你就点头了，这就是一种问话的技巧。其实这些**封闭式的问题**，你都可以通过这样的提问方式使对方最终点头说是。”

“什么是封闭式的问题?”

“**封闭式的问题，就是问题的答案是固定的几个的一类问题**。比如，我问你喜欢看电影还是不喜欢看电影，或者你是独生子或不是独生子。这些都是封闭式的问题，因为答案就只有**喜欢**或者**不喜欢，是**或者**不是**，明白了吧?”

“明白了。那是不是还有和这种封闭式问题相对应的什么问题呢?”

“有啊，就是**开放式的问题，它是用来吸收信息的**。比如，你问对方喜欢喝什么咖啡，或是对方为什么不喜欢某个电影，这些都是开放式的问题。你每天都要问很多开放式的问题，这并不难。相对来说，问封闭式的问题需要我们更多的注意。要让对方一直点头，可并不那么容易!”

“是啊！可是我们为什么要让对方始终点头，不能摇头呢?”

“因为你要通过让对方点头来吸引对方的兴趣，你每让对方点一次头，你的亲和力都会加大，对方对你也会越认同。如果我们把你的亲和力比作一个火堆的话，你每让对方点一次头，就等于在这个火堆上浇了一杯汽油，它烧的就越旺，你的亲和力就越大；而你每让对方摇一次头，就等于在这个火堆上浇了一杯水，它的火苗就越微弱，你的亲和力就越差。所以，你不断地让对方点头，对方就会对你越感兴趣，越认同。这时你说出的话他才会接受，才会对他有影响力。你想想是不是这样?”

“是的。”

“所以，你看其实要想进行一场很好的谈话，你需要注意的并不多，大部分时间你只要耐心倾听不打断别人就行了，只是偶尔你需要提问来明确对方的意思，吸引对方的兴趣或是吸收对方的一些信息。而决定你是否是一个高明的谈话者的重要一点就是你是不是一个提问的专家。因为会提问的人始终在把握着谈话的进程。你想成为一个提问的专家吗？”

“当然想了。”

“很简单。**要想使自己成为一个提问的专家，最有效的方法就是把你要告诉别人的话都变成问句的形式。**比如我刚刚说的这句话，你也可以把它变成问句的形式告诉对方。你试试看！”我笑着看了看阿福。

“问句？我想想……”阿福仰着头想了半天，还是不知道该怎么说。

“一般人和你一样不习惯这样的方式，因为一般人只是喜欢**告知**，要知道**告知并不等于说服**，你告诉了别人，别人可能并不接受，或者根本就没有听进去你的话。所以，我们完全可以用问句的方式去让对方了解。刚才那句话，你可以这么说：**‘要想使自己成为一个提问的专家，我想最有效的方法就是把你要告诉别人的话都变成问句的形式，你觉得呢？’**只是在句子的末尾加上一句问话，就可以了。”

“这么简单啊！”阿福恍然大悟。

“对啊，可这是一种说话的习惯。要想成为提问的专家，你必须练习在谈话中去问各种问题，无论你想说什么，都要尽量用问句的方式来表达。**不管你问对方什么问题，实际上你都在主导对方的注意力，**因为你知道，**思考本身就是一种问与答的过程，而且有问必有答。不管你问了对方什么问题，他总会在脑子里去搜索这个问题的答案，所以我可以通过提问瞬间转移你的注意力。**你昨天晚饭吃的什么，还记得吗？”

“哦，我想想，有水饺，还有烤肉……”阿福被我的这个突然的、和我们谈话主题不相干的问题弄得一头雾水。

“是吗？你看，我只是问了一个问题，就一下子把你的注意力引到昨天的晚饭上去了，对吧？”

“对，我刚才确实在想昨天晚上吃的那些东西了。”阿福笑着说。

“所以，实际上是**问问题的人在掌握谈话的主导权，**你现在有体会了吧？”

“哦，原来是这样。”阿福终于领会到了，用力地点了点头。

“简单吧？谈话的艺术说起来就是这么简单——**耐心地听，聪明地问。**无论和谁、和几个人交谈，你都只要做到这两点就行了。所以，你完全可以再和你的女朋友一起感受以前的那种完美的谈话，而且你们可以随时随地地畅谈，不一定要去海边，是不是？”

“是啊，我晚上去找她，就试试这些谈话的技巧。但愿她不要又和我发莫名其妙的脾气！”阿福半开玩笑的口吻中似乎还是有点焦虑。

“不会的，只要你的谈话方式改变了，她即使不懂得这些技巧，也会随着你改变她的谈话风格的。你看，我们这几个月来一直在谈话、交流，你并不了解这些关于谈话的技巧，可我们每一次都谈得很好啊。为什么呢？因为我在用我的谈话方式引导你，让你慢慢地和我用一样的方式思考、提问或是表达，所以，你在不知不觉中会改变你自己的谈话风格。不过，你在和别人谈话的时候，又会回到你原来的风格，对吧？”

“是的，我明白了。我一会儿就先去给她打个电话。”

“好啊！”

一个下午的时光，我们的谈话就像细密的时间一样，均匀地流淌在整个咖啡馆里。阿福似乎又找回了那股强大的行动力，他的眼睛里不再是对旧时光的留恋，而是对下一次完美谈话的憧憬。而那些积极、完美、相互启迪的谈话，真的是一种享受，让人永久地沉醉、思索和回味。

小贴士

- 耐心地听
- 聪明地问
  - 问封闭式的问题
  - 把要告诉别人的话变成问句
  - 主导对方的注意力

愿望七

令人无法抗拒的诉求

了解你所交往的人的性格，才能知晓他们的意图。

多样的个性：人格特质

阿福在不断完善他的谈话技巧，他越来越善于在谈话中问对方问题了，也许不久他就能成为一个提问的高手。看他在工作中表现出的前所未有的热情，我知道，他一定和他女朋友在谈话上有了不小的突破。

还是那家很有特色的酒吧，我和阿福坐在窗户边上，看着窗外茫茫的雪景，都有一种莫名的兴奋。酒吧里格外热闹，煽情的音乐让人蠢蠢欲动，想要跟着音乐起舞。

“听说你们在筹备一场化装舞会。是吗？”我问阿福。

“是啊，我和莉莉、玛丽他们正在商量，大家都很积极。只是小东似乎不太愿意参加，他老是说面具不好做，要是做不好的话就没有那种效果，反正尽说一些打击的话。大家本来情绪挺高涨的，被泼了冷水，都有点不想搞了。你有什么好的建议吗？”阿福似乎正在为这件事情发愁。

“这样啊，我觉得没什么啊！小东说的也很有道理啊，他不说也许

你们还没有想到这个问题的重要呢。只不过小东这样提出来，你们可能听起来不舒服，对吧？”

“对啊，本来很好的一次活动，他干嘛总是鸡蛋里面挑骨头呢？”阿福有点不大理解。

“你不要觉得他是在鸡蛋里面挑骨头，故意找你们麻烦，事实上这就是他性格的一部分，或者说是他的一种**人格特质**。”

“什么人格特质？”

“人格特质就是一个人惯性的思维模式和行为模式，也就是一个人习惯的处理事情的态度和方式。人格特质有很多种类型，不同人的人格特质也不一样。有的人倾向于追求快乐，有的人倾向于逃离痛苦，有的人习惯看事情相同的地方，有的人专门找一般人不会想到的不同之处等。所以，我们可以看到周围的人有不同的性格，遇到同一件事情有不同的态度和处理方式，其实这就是因为他们具有不同的人格特质。”

“哦，怪不得大家有时候想法和做法会有那么大的差异呢！那我们可以判断出别人的人格特质吗?”

“当然可以。方法很简单，只要你去问对方一些问题，通过他的回答你就可以大致了解他的人格特质了。”

小贴士

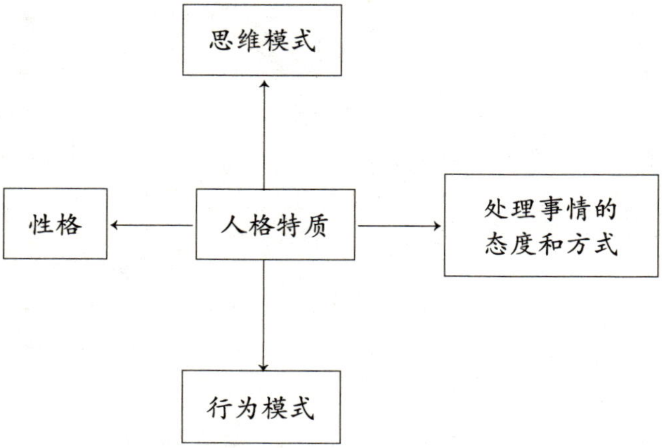

准确判定他人的人格特质

“还是问问题！那问什么呢？”阿福愉快地问。

“好，既然你想知道，我就教你通过问问题去辨别一个人的人格特质。我们来以一些很常见的人格特质类型为例子吧。**第一种是求同型和求异型。求同型的人倾向于找寻事物的相同点，求异型的人倾向于找寻事物的差异性**。像小东，他就是求异型的，所以他总是习惯于去发现事物之间的差异，或者挑出一些别人不会注意到的毛病。他和那些求同型的人就很不一样，求同型的人总是一眼就看到事物间的相同点，而且很容易和别人达成一致意见。所以，为什么小东有时候老是唱反调，和大家有点格格不入，根源就在这里。”

“哦，也就是说小东其实也没有错，那只不过是他的人格特质而已，对吧？”

“对，我们要了解别人的人格特质，**目的之一**就是要在了解的基础上去**尊重别人的人格特质**。因为**人格特质本身并没有好坏、对错、优劣**

之分，那只不过是一种思维和行为模式，你不能断定求异型的人格特质就一定是不好的。像小东能很敏锐地提出一些你们没想到的细节或者说是毛病，求同型的人就不一定能提出来，不是吗？所以，我们要去了解并且尊重别人的人格特质，不要随便把别人看成是异类，然后加以排斥，你说呢？”

“是，我觉得很有道理。那我们怎么来判断一个人到底是求同型还是求异型的呢？”阿福着急地问。

“好，我来测试你吧。”于是我拿出一张卡片，在上面随手画了几个大小不同的圆。

“阿福，你告诉我张纸上我画这些图形有什么关联。”我把纸递给他看。

“好的。我想它们都是圆，不过大小不一样，而且颜色深浅也不太一样。就这些吧。”阿福一边观察一边说。

“OK，你比较倾向于是求同型。因为你先看到的是这些图形的共同点——都是圆，然后你才发现它们的差异。”

“那要是求异型的人会怎么说呢？”

“他们可能会说‘**这些图形有的大有的小，而且颜色深浅不一样，不过都是圆**’，你看这两种回答是不是不太一样？”

“是的。”

“以后你也可以用这种方法去判断别人到底是求同型的还是求异型的。**第二种人格特质的类型是追求型和逃避型。追求型的人倾向于追求**

他们想要的东西或结果，逃避型的人倾向于逃避他们不想要的东西或结果。虽然我们每个人其实每天都在追求快乐、逃离痛苦，可对于同一件事情的态度，不同的人却是不一样的，有的人是为了追求快乐而做一件事情，而另一些人却是为了逃离痛苦而做同一件事情。比如，我现在问你，你觉得对你来说，一个理想的工作是什么样的？”

“我认为理想的工作是**要**能发挥我的能力，**要**有一定的创造性，还**要**能学到一些新的技能，当然，工作环境和收入也很重要。”

“OK。你就是一个**追求型**的，因为你始终在说你**要什么**，也就是追求你想要的结果。如果是**逃避型**的人，他的回答就完全不一样了。他可能会说‘我心目中理想的工作，应该**不是**那种一成不变、很死板的工作，而且工作地点也**不要**太偏，**不要**老是加班’等，他始终在说他**不要什么**，也就是他想逃离的某些痛苦。所以，你现在知道该怎么判定这两种人格特质了吧？”

“就是去问他对自己想要的东西有什么条件，如果他的回答是**要什么**，那他就是**追求型**的；要是他的回答是**不要**什么，那他就是**逃避型**的。对吗？”

“没错，你总结的很对！那我们来看看第三种吧。**第三种是可能型和需求型。可能型的人，他的行为动机是因为他想去做，他们喜欢去发掘新奇的事物，或是探索未知的领域。需求型的人，他的行为动机是因为他认为自己不得不去做，他们往往不愿意求新求变，只注重已知的、安全的东西。**这也是两种截然相反的人格特质，我们仍然可以通过提问来判断一个人是可能型还是需求型。比如，我问你：阿福，你为什么要做你现在的这份工作呢？”

“哦，因为这份工作很有**挑战性**，我可以发挥我的**创造性**，而且我还可以通过工作掌握更多的知识和能力，这对我今后的事业发展很有益处。”

“你是很典型的**可能型**的人。要是换作一个典型的**需求型**的人，他会说‘因为这份工作比较稳定，没有太多的变化，我可以干得很长久，而且我**需要**一份工作来维持生活。’所以，想要区别这两种人也非常容易。”

“只要问问他们是**想**去做，还是**不得不**去做就行了。”

“对。**第四种是自我判定型和外界判定型。自我判定型的人凡事有自己的主见，不会太受到其他人意见的左右，对事物的是非、好恶的判断都有自己的一套看法；外界判定型的人则比较容易受到其他人意见的影响，别人的意见或观点常常会影响他的决定。**这两种人在每一个公司里面都有，要分辨他们也很容易。比如，我问你，你觉得你怎样才能知道你的工作做得很出色？是同事、上司夸奖你呢，还是你自己觉得自我满足？”

“我想，主要是我要自己觉得很满意才行，假如我已经尽力了，或者我自己有了进步，不管别人怎么说，我都会认为我做得很出色。相反的，如果我自己觉得没有做到最好，或者比起我以前没有什么进步，即使得到上司、同事的夸奖，我也不认为自己的工作干得很出色。”

“好，所以你比较**倾向于自我判定型**，不容易受到别人意见的影响。**外界判定型**的人跟你想的就不一样了，他们可能认为‘如果上司、同事称赞我的工作做得好，给了我一笔丰厚的奖金，或者我被提升了，那么我就会觉得我的工作是出色的，否则我就觉得我干得不好'，他们很容易依赖别人的看法。"

"哦，那第五种呢?"

"**第五种是自我意识型和顾他意识型。自我意识型的人在待人处世上比较关心自己的切身利益，不太会顾及他人的感受，因而团队性较差；顾他意识型的人则比较关心大家的利益，能顾及他人的感受和团队的和谐，有很好的团队意识。**假如你在参加一次培训课，你发现你对培训的内容一点兴趣都没有，觉得很乏味，你会怎么办？立即想办法离开，或者在座位上做自己的事情，还是耐心地听完?"

"这个很难说，我不会立刻离开，我可能想在下面做自己喜欢的事情，可是最近我明白了倾听的重要性，所以我会尽量耐心地听下去。"

"OK。这说明你在**从自我意识型向顾他意识型转变**，当然你实际上还是比较倾向于自我意识型。要是一个**典型的自我意识型**的人，他可能不管别人怎么想，只要自己不喜欢，就会立刻退场，一分钟也不愿意听；而一个**典型的顾他意识型**的人，他即使不感兴趣，也会为了整个课程的顺利进行而耐心地听下去。所以，这两种类型的人你只要问问他们在团队工作或活动中的表现，就可以判断出来了。"

"是的，我明白该怎么判断了。"

"第六种我们把它叫作**说服模式，也就是一个人怎样才能相信某个事物或被说服。这里有两个要素，第一个是最容易使他信服的感官方式是什么，比如是听觉、视觉还是感觉；第二个是他要接受多少次这样的**

感官刺激或验证才能信服，是一次、两次、一年还是每一次。比如，你要怎么样才能相信你的同事的工作能力呢？”

“我觉得最好我能和他一起工作，看他的表现。”

“好，那你要和他工作多久，或者说他要有几次表现出他的工作能力你才会相信呢？”

“一段时间吧。”

“具体是多长时间呢？”

“大概要半年吧。”

“好，我现在就了解到你的说服模式了，你比较倾向于感觉型，因为你需要和别人共事，才能相信他有能力。而且要共事很长时间，所以要想说服你很不容易，你自己觉得呢？”

“应该是这样的，我喜欢亲自去感受，这样比较放心。而且我确实不太容易信服别人，这样是不是不太好？”阿福感觉到自己这种多疑的性格，可能无益于他和别人的沟通。

“也不一定，没有哪种人格特质是一定不好的，各有利弊吧！最后一种是**一般型和特定型。一般型的人做事情倾向于抓大的方向，对于细枝末节的东西不太注意，而特定型的人很注重小节，喜欢把细节搞得清清楚楚。**这两种人在我们的生活中也很常见。比如，你筹备化装舞会对不对，我现在要你给我一个具体的计划，你会在计划里写什么？”

“我会写下舞会计划举行的时间、地点，要播放什么音乐，需要什么设备器材，要用的面具，每个人的分工，还有跳舞的服装……”

“OK。你想到了很多细小的方面，所以你比较倾向于特定型。一般型的人可能这会考虑到时间、地点这些大的方面，而对于细节的地方可能会忽略。”

“是吗？只考虑那些，舞会根本就办不成啊！”

“你说的对。同时你也要想到，有时候过分去抠一些细节也会使事情复杂化，不利于事情的进程。对吧？”

小贴士

- 人格特质
  - 求同型 VS 求异型
  - 追求型 VS 逃避型
  - 可能型 VS 需求型
  - 自我判定型 VS 外界判定型
  - 自我意识型 VS 顾他意识型
  - 说服模式
    - 感官方式
    - 频次
  - 一般型 VS 特定型

最有效的诉求：一语中的

“对，我遇到过你说的那种情况。确实，多种人格特质各有利弊，很难用好坏、对错去衡量它们。那人格特质的类型就这七种吗？”

“当然不止这些，这七种只不过是比较常见的。其实，你不一定要了解太多的人格特质类型，了解和判断出别人的人格特质只是第一步，你还要知道怎样去把你了解到的东西用到与人的沟通上去，对不对？”

“我知道，要在了解的基础上去尊重对方的人格特质。”

“对，不过这只是一个方面，更重要的是我们要学会**根据每个人不同的人格特质来诉求或是说服**，你既然了解了他的人格特质，你就要在和他沟通的时候**有针对性**。”

“什么叫有针对性呢？”

“有针对性就是要根据事物不同的特质或是模式来做不同的处理。你会用 Word 软件吧？”

“会用。”

“WPS 软件呢？”

“不会。”

“好，如果现在我让你去用 WPS 处理一篇文档，你会用 Word 那套软件的功能去操作吗？你还是去学习 WPS 的文档处理方式，了解它的一些功能？

“当然是去学了。”

“为什么你不用 Word 的方式去操作？”

“因为它们根本就不是一种软件，操作方式肯定不一样。”

“很好！其实人脑和电脑很类似，电脑有软件程序，人脑里也储存了各种行为模式，也就是人格特质。你要想很好地使用一台电脑，就需要去了解并应用它的软件程序的操作方式，同样，你要想说服或是打动某个人，你也需要去了解并利用他的人格特质。不是吗？”

“是，不过我还是觉得有点不太理解。”

“好，我给你举一个例子。假如我现在想给你介绍一份新的工作，我就告诉你说‘这份工作薪水不低哦，工作地点也离你家不远，而且不是那种每天简单重复的工作，也不需要你经常加班’，你听了以后会对这份工作有兴趣吗？”

“我想没什么兴趣！”阿福面无表情。

“为什么呢？”

“我觉得这样的介绍方式，我听了以后没什么感觉！”

“因为，我在用**逃避型**的方式向你介绍，而你其实是**追求型**的，所以你对我介绍的工作不会有什么兴趣。好，现在了解了你的人格特质，我就会针对你的特质改变我的介绍方式，我会说‘这份工作薪水很丰厚哦，工作地点离你家很近，工作也很有创造性，能发挥你的潜力，工作的时间安排很稳定而且比较自由’，你觉得这份工作怎么样？”

“感觉不错。”

“其实，这两份工作是一样的。我只不过换了一种介绍的方式，可你听了以后反应却不一样。这就是有**针对性**，因人而异。如果碰到一个逃避型的人，我就会用开始的那种介绍方式去激发他的兴趣。明白了吗？”

“明白了。也就是说每一种人格特质都有它的特点，要利用这些特点来提高沟通的效果。”

“对。我还可以给你举一个例子。假如今天我打电话约你去看一场电影，你可能立即就会问我到底是什么电影。这时候我就要向你推荐这部电影了，我可以这么说：‘阿福，这是这个季度美国最卖座的影片，我好几个朋友看了，都说非常棒，一起去看吧！’，你会不会很想去？”

“有一点吧！”

“有一点？好。假如我这么说：‘阿福，这部片子真的很棒哦！你还记得上个礼拜我们讨论过的那部美国科幻片吗？就是你说让你觉得很震撼，而且让你很有灵感的那一部？我看过这部片子的片段，就和那一部感觉差不多。我想，你会很喜欢的！一起去看吧！’你有没有动心？”

“要是真有的话，我现在就有点想去看看了！”阿福兴奋地说。

“是吧！你知道为什么第二种诉求的方式效果会这么大吗？就是因

为我记住了你是比较倾向于**自我判定型**的，所以我强调的是你自己的感受，让你自己去说服你自己。”

“哇，这种方式实在让人难以抗拒。其他几种人格特质类型也可以这样利用吗?”

“一样的道理，你可以自己去研究和使用它们，都非常容易，而且很实用。”

无往不利的沟通：弹性法则

阿福似乎有些疲倦了，我想今天我教他这些东西可能稍微有点儿枯燥，可是真的很有用。阿福仰着头若有所思，像是在努力回忆今天学到的内容，我想我还是帮他整理一下吧。

“你今天的收获不小哦！你学到了七种人格特质的类型，而且还知道了该如何判定别人的人格特质。我想提醒你的是，任何一种人格特质类型，对于某个人来说都不是绝对的。什么意思呢？比如你是自我判定型的，可并不代表我用外界判定型的方式去劝你，你就一定会无动于衷。你只不过是相对于外界判定型人来说，比较具有自我判定的**倾向**而已，**人格特质实际上讲的是一种倾向性，不是绝对的，非此即彼的，**你懂吗？”

“也就是说一个人不大可能百分之百是某一种人格特质。”

“对了！而且，还有一点你要注意：**人格特质并不是一成不变的。**我们都在不断得改变，我们的人格特质当然也在改变。比如，你现在了解到倾听的重要性，你就开始从**自我意识型**向**顾他意识型**转变了，你的倾向性也渐渐不一样了。如果我让你和小东两个人在一起工作一年，而且交给你们一项需要特别敏锐度的文字校对工作，你现在**求同型**的倾向也会慢慢变得**求异**。所以，我们的人格特质是随着我们的环境、经历在不断改变的，而且只要我们想要改变，我们可以自己主动地去通过训练改变它。”

“可你不是说，人格特质没有好坏、对错、优劣之分吗？那改变人格特质有必要吗？”

“你说的对，人格特质是没有好坏、对错、优劣之分的。**不同的人格特质各有优缺点，**比如，自我判定型的人虽然有主见，可往往容易自大；可能型的人确实很有开创精神，喜欢探索新鲜事物，可他往往不够稳定，经常变来变去。我们有必要保持自己的人格特质，因为这是我们自己的个性，是吧？”

“对啊！”

“同时，你没有没想过，我们现在具有的这种人格特质是不是符合我们生活或是工作的需要呢？如果你是一个典型的求同型的人，现在你面临一个文字校对的工作，你该怎么办呢？也许为了适应这样的工作需要，你就要考虑去改变。”

“那我不去做那份工作，不就行了？”阿福故意激我。

“OK。你确实可以不去做那份工作。同时，你还是应该去尝试着改变，哪怕只是一种**临时的改变**。在特定的环境下，你可以通过体验另一种人格特质，**设身处地**地体会另一种可能与你**截然相反**的思维模式和行为模式。因为，这样你才能够真正地利用他人的人格特质去诉求和说服成功。”

“你是说，不仅要**尊重**对方的人格特质，还要去**仿效**对方的人格特质吗?”

“不能说是仿效，而是你去**调整**你自己的模式来适应他人的人格特质。其实，这是一种沟通中的**弹性法则**，因为**要想改变别人，就要先改变自己。要想在沟通中有影响力，你必须先改变你自己的模式，来配合你的沟通对象，这样你才能掌握主动，从而发挥你的影响力**。这些我以前都和你讲过的，建立亲和力的时候就是在运用弹性法则，你主动改变你自己来进入对方的频道，而不是等对方来进入你的频道。调整自己的模式也一样，是你主动去适应别人，而不是等对方来适应你。”

“哦！我明白了，原来这些都是弹性法则啊!”

“是啊。**所以你在沟通中拥有越多的弹性，你就可以适应并掌握越多样的沟通方式，你就可以和越多的人有好的沟通，你的人际沟通就会无往不利**!”

“真的那么厉害吗?”阿福激动得几乎瞪圆了眼睛。

“没错！可你知道弹性是怎么来的吗?”

“不断地练习?”

“对了，**不断地练习**，就像你一直在做的那样，训练自己在沟通中的弹性，不断地去了解、去观察、去适应别人，使自己的沟通方式更加多样。这一点你做得非常好！沟通实际上就是一个不断了解别人的过程。所以，记住一句话，它会让你一生受用不尽：**认识人，了解人，你将无所不能！**”

阿福似懂非懂地点了点头，茫然地望着看周围说笑、聊天或是忧郁的人们，以及窗外的夜色里跳舞的雪花。我想，是我刚才的话让他陷入了这样一种沉思的状态。我和阿福一样，知道那种无所不能的境界是不大可能达到的，可这是我的一种沟通的信念，它促使我愿意在沟通中更多地去了解别人、适应别人，而我的沟通能力也在不断地增强。

小贴士

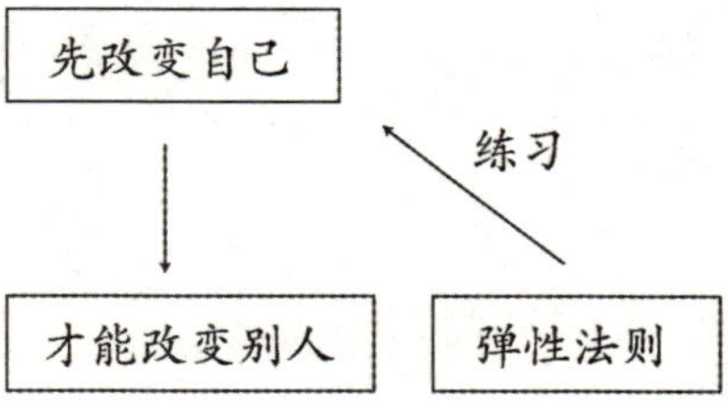

愿望八

引发出你想要的反应

信仰不是一种学问，信仰是一种行为，它只在被实践的时候才有意义。

情绪的触发器：心锚

圣诞节临近了，公司里充满了温馨浪漫的气氛。阿福一直在和他的伙伴们筹划着一场化装舞会，那是公司平安夜的重头戏，我想那一定会很不错。

同时，因为阿福的沟通能力一天天提高，他在公司里的影响力也在不断地扩大，他从不放过任何一次机会来完善他的沟通技巧，所以一有什么问题，他仍旧会主动来找我，和我交流或是探讨。

酒吧里充满了怀旧的味道，阿福有些发呆地坐在我对面，似乎还陶醉在刚才的那首经典老歌《跟往事干杯》中，思绪早已飘远。

我太喜欢这首歌了，不管在哪儿，只要一听到这个旋律，我就有一种回到以前的感觉。”阿福感慨地说。

“哦，是吗？这首歌让你想起了什么吗？”

“想起大学毕业的时候大家聚会。因为就要分开了，所以大家都依依不舍，每一次聚会都有人唱这首《跟往事干杯》，很煽情。现在一听到这首歌，我就会想起那些感人的场面，找到毕业时那种感觉。”阿福一边说一边似乎已经完全陷入在了回忆中。

“哦，阿福，我知道这种感觉一定非常奇妙，对吧？”

“是啊！真的很奇妙！整个人一下子就进入了另外一种状态！”阿福的脸上露出兴奋而满足的笑容，并且慢慢地从那段记忆里抽离出来。

“很奇妙是吧！可你知道这是为什么吗？”

“我不太明白，我想这应该是一种**条件反射**吧？”

“没错！你一定想到巴甫洛夫和他的那些狗了，那个实验很有名。巴甫洛夫博士在一群非常非常饿的狗面前放了一块看得到、闻得到但就

是吃不到的肉。狗因为这些肉的刺激就更饿了，流下了大量的口水。这时候巴甫洛夫开始不断地摇一个特别音律的铃，然后就把肉取走。以后只要在这群狗面前摇这个铃，你知道狗就会怎么样？”

“流口水！”阿福笑着答道。

“对了！就和你一听到这首歌就会马上想起你毕业时候的事情，找回那时候的感觉一样的道理。因为你已经在这首歌上设下**心锚**了，你明白吗？”

“心锚？”

“对，心锚。就像停船的时候我们要抛下的锚一样，我们也常常毫无意识地在自己身上设下了一些心锚。只不过船的锚是用来固定船的，它把船和水底的某个点连结、固定在一起，而**心锚是把一种事物和人的某种情绪状态或是反应联结、固定在一起，使它们之间形成一种稳固的神经联结**。你为什么听到那这首歌会有想起那些事情、找到那种感觉？因为**这首歌**和**那些事情、那种感觉**之间已经形成了一种很稳固的联结，就好像锚的绳子一头系着船，一头固定着某个点一样，心锚也类似一根绳子，一头固定着你的某种情绪状态或反应，一头设在某个事物上面。”

“哦，也就是说，我身上有这么一个心锚。可我一直感觉不到啊！”阿福惊讶地说。

“你平时是感觉不到，因为那个心锚一直没有被启动，或者说那个能让你产生反应的事物没有出现。这个事物是一个**诱因**，就好像枪的扳机，只要一被触发、扣响，你被联结的反应就会立刻被引发出来。而且，我们每个人身上其实都有很多心锚，只不过有的太平常，我们很少去注意到。比如，我们早上一起床就立即想到去刷牙洗脸，这就是一种心锚作用，它是因为起床后的情境和刷牙洗脸这一反应做了神经联结，这种联结最后成了我们的一种习惯。”

“哦，这么说，我们的很多习惯也可以算说是心锚在起作用了？”

“对啊！**所以心锚其实无处不在，我们一直在给自己设很多心锚，而我们自己却不知道**。比如像早上起床后刷牙洗脸，你既没有意识到设下了这样的心锚，也觉察不出它在起作用。还有，就像你一听到刚才那首歌就会感受到毕业时的氛围，你虽然没有意识到自己设下了这样的心锚，但是在它**偶然**被启动的时候你却能够发现它。”

“那我们能够有意识的给自己设心锚吗?”阿福忽然眼睛一亮，关切地问。

“当然可以了，而且我们可以通过有意识地设心锚，来和别人建立更和谐的人际关系。这个你一定很感兴趣吧?”

“哦，真的? 心锚跟沟通会有什么关系吗?”阿福似乎不大相信。

小贴士

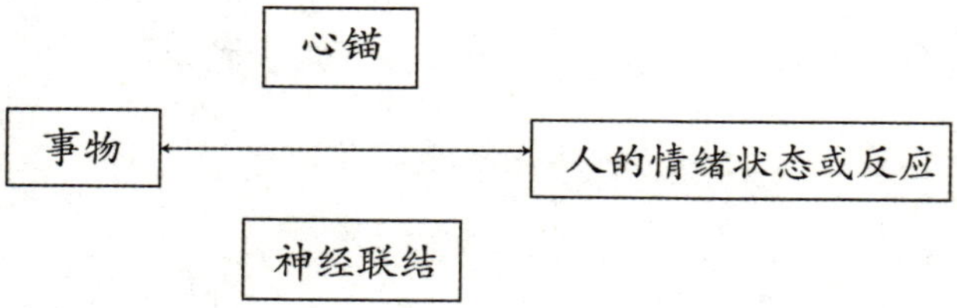

引爆情绪

“有啊，关系太大了。”我冲阿福神秘地一笑，“你知道心锚其实是无处不在的，所以在你和别人的交往中，也会产生很多你并没有觉察到的心锚。比如，最直接的——**一个人自身的形象。”**

“你是说一个人的外表？”

“对，你有没有一见到某个人就特别高兴的经验？”

“有啊！我有一个大学同学，特别有喜剧天赋，常常我们讲笑话，把大家逗得特别开心。所以，我们一见到他就特别高兴，就想笑。”阿福说着自己就笑了起来。

“这其实就是一种心锚。你把一种**高兴的、想笑的感觉**和**他的形象**做了一种神经联结，这个心锚也许是你们在交往中自然产生的，也许是他有意识这么去设的。可是不管怎么样，它让你们之间的沟通更加顺畅，更加愉快了。不是吗？”

“是啊，我们都很喜欢他，他在同学中也很有威信。”

“这是一个正面的心锚，它在你们的沟通中发挥了积极的作用。一个人的形象也可能成为一个负面的心锚。比如，夫妻之间发生很激烈的争吵甚至打架，这时候他们都会在心里设下一个负面的心锚。以后，不管在什么场合，只要一看到对方的样子，就会想到那次吵架，都会在内心产生一种生气或是愤怒的情绪。这时候，心锚就在他们的沟通中起到了非常大的破坏作用。”

“这真的太糟糕，本来就关系紧张，又有心锚的负面作用，实在是雪上加霜!”

“是啊！所以，我们有时候也要避免去在沟通中给别人设下负面的心锚，让别人一看到我们的样子就觉得难受。”

“明白了。那除了一个人的形象，还有别的什么心锚吗?”

“**一个场所，或是地点**也可能成为心锚，所谓**触景生情**就是这个意思。你和你女朋友有没有比较固定的约会的场所?”

“有啊！我们刚开始恋爱的时候常去我们学校附近的那个麦当劳餐厅，在那里一起聊天、看书，自由自在，很快乐。不过我们已经好久没去过了。”阿福似乎若有所思。

“那里对你们来说也是一个心锚。你们在那里曾经有过很美好的回忆，对吗？也就是说那个**麦当劳餐厅**在你们的神经系统里联结着**快乐的、甜蜜的感觉**。这很重要。你不要小看那个地方，它对于你们之间的沟通可能会起到你无法想象的作用。”

“是吗？我想象不出这它会有什么作用。”

“很简单。你们在那里有过很美好的回忆是吧，**我在想你们一定在那个麦当劳里做过一些很浪漫、很有意思的事情……那是什么样的感觉?**”我开始问。

“哦，我们那时就是坐在一起，一边吃薯条、冰淇淋什么的，一边同看一本小说，比如像《麦田里的守望者》……然后我们就会谈谈各自的看法……”阿福在我的引导下开始不断地回忆。

“很浪漫啊!”我说**“很浪漫”**几个字的时候用了一种**很高的音调**，而且说的同时**身体前倾，伸出右手，在他面前摊开掌心**。

“是啊！那时候，餐厅里的音乐也很好听，都是我们喜欢的英文老歌。我们经常看累了，就跟着一起小声地唱……尤其是那首 *Yesterday Once More*……”阿福仍然陶醉在那些场景里。

“那种感觉一定**很浪漫!**”我再一次用**同样高的音调**说出了**“很浪漫”**几个字，而且再一次在说的同时**身体前倾，伸出右手，摊开掌心**。

“反正我们那时候真的是经常去，而且一待就是一个下午甚至一天，好像周围的人都不存在，只有我们两个人在一起一样……就是那种两个人的世界……”阿福笑得很甜蜜。

“真的**很浪漫!**”我又重复了一次刚才的音调和动作，然后接着说，“所以，你看你们在那里有过这么多很浪漫的经历和感觉，如果有一天你和她闹了别扭，或是吵架，那个麦当劳就可以发挥作用了。”

“什么作用呢?”阿福慢慢地从回忆中抽离出来，不解地问。

“你可以主动约她去那个麦当劳坐一坐，因为那个场景会让你们立刻想起以前那些很美好的事情，在那样的情绪状态下，我想你们的心情会平静下来，能更好地化解一些冲突。”

“哦，很妙的方法！不过，这还是自然产生的一种心锚，我怎么样有意识地设心锚呢？”

“你想知道吗？好，你跟我来！”

我带着阿福来到了楼上，楼上有一个不大的舞池，很多人都在随着沸腾的节奏摇摆着跳舞。我很少带阿福来上边玩，所以面对令人晕眩的灯光和音乐，阿福显得有些拘谨。我们在吧台边坐下，继续聊。

“阿福，我知道你很少去迪厅。不过呢，你正在筹备化妆舞会，所以你还是要学一学跳舞的。现在是一个机会，你可以去试试！”

阿福似乎有些不好意思，甚至有点退缩。我于是继续鼓励他，说：“其实，跳舞也很有意思，跳舞也**很浪漫**哦！”我用了一种与刚才同样的高音调，并且在说的同时身体向他前倾，在他面前摊开了右手的掌心。

阿福愣了一下，忽然感觉兴奋了一些，有点蠢蠢欲动了。

我仍然保持着那样的音调、姿势和动作说：“去试试吧，你以后还可以和你的女朋友一起来，体会这种**很浪漫**的感觉！”

阿福点了点头，走进了起舞的人群之中，学着大家的样子也跳了起来。一曲结束，我笑着带阿福又回到了楼下我们刚才谈话的那张桌子边。

“怎么样？跳得不错嘛！是不是刚才有一种很想跳的冲动？”

“可能吧，我就觉得你和我说什么**很浪漫**的时候，我有一种很兴奋的感觉，所以就觉得其实跳舞也没什么，就去了！”

“你知道为什么吗？你知道为什么你听到我说**‘很浪漫’**这几个字的时候你会很兴奋吗？你好好想一想！”

“你给我设了心锚？”阿福瞪大了眼睛。

“没错！我早就给了设了心锚，只是你不知道。刚才问你你和你女朋友在麦当劳里都做些什么的时候，就一直在说‘很浪漫’这几个字，不仅如此，我还做了一样的动作。”我演示了一遍我一直在做的动作。

阿福忽然明白了，说：“哦，原来设心锚就是这样啊！”

“不难吧，其实要想在沟通中通过设心锚来引发别人的反应，就**三个步骤**。**第一步，使对方进入愉快、兴奋的状态**。你可以给他讲笑话、带他做

好玩的游戏，或者通过提问让他回忆一些很兴奋、愉快的事情，你可以问**‘最让你回味的一次聚会是怎样的?’‘你和你的爱人之间最浪漫的一件事是什么?’**或者**‘你赢过的最痛快的一场比赛的情况如何?’**这些方式都可以把他直接引入一种积极正面的兴奋状态。我刚才问你**你和你的女朋友在那个麦当劳里做些什么，是什么感觉**，其实这就是在做第一步。”

“也就是通过提问来引导对方的注意力，对吧？”

“对！**第二步，在他的那种兴奋或愉快的状态达到最高峰时，也就是感觉最强烈的时候，你开始给他设心锚。你所要做的就是说一句特别的话，比如‘很棒’‘很好’之类的，或是做一个特别的动作，比如拍他的肩膀或是胳膊。用特别的语言或是动作来作为一个诱因，把这个诱因和他的那种状态联结在一起。**我刚才就是用很高的音调说**‘很浪漫’**，而且身体前倾，摊开了右手掌心。这就是我在你的那种很兴奋的状态达到高峰的时候，通过这种特别的诱因设下的心锚。”

“第二步就是用一个特别的诱因来设下心锚，是吧？”

“对！**第三步**，就是在适当的时机**启动这个心锚了**。如果你希望别人能忽然出现愉快、兴奋的状态，因为这样你可能说服他的机率更大，或者就是希望别人能摆脱沮丧的情绪。这时候，你就可以用你在第二步设心锚时用的诱因，来引发他的反应，从而达到你想要的结果。就像我刚才让你去跳舞，你不敢去，想躲避。这时候，我就用了我之前给你设下的这个心锚，让你找到那种很兴奋的感觉，你一兴奋就不那么不好意思或是惧怕了，你也就被我说动了，不是吗？”

“哦，我现在明白了。”阿福终于完整地知道了如何去有意识地设心锚了。

小贴士

设心锚的三个步骤：

- 第一步，通过提问来引导他的注意力。
- 第二步，用一个特别的诱因来设下心锚。
- 第三步，在适当的时机启动心锚。

设心锚的五要诀

“很简单吧？只有三个步骤，做起来似乎也不难。不过，要想做得很有效果、很高明却不是那么容易，你仍然需要不断地去——”

“练习。”阿福心领神会地插了一句。

“对，练习。设心锚其实是一个并不容易用好的技巧。虽然它只有简单的三个步骤，但每一个步骤都有一些要诀，需要去注意。任何一个环节做得不到位或是不准确，都会影响心锚发挥的效果。”

“那有哪些要诀呢？”阿福迫不及待地问。

“主要有**五个要诀**。**第一个要诀是，要使被设心锚的对象处于一种特殊的身心状态**。比如，让对方处于**特别兴奋、悲伤、生气、愤怒、快乐、痛苦的状态**。我刚才就通过问你问题，引导你进入了那种很兴奋、很甜蜜的恋爱的状态，这就是一种特殊的身心状态。如果对方处于一种很平常的状态，你要想设心锚就很困难。”

“哦，也就是说，要引发的状态比较特殊，对方可能才比较有感觉。

对吧？”

“对，因为如果对方处于很**平常**的状态中，你即使设下了心锚，在启动的时候也得不到什么很**特殊**的反应，所以这个心锚毫无意义，对不对？”

“对，我明白了。那第二个要诀呢？”

“第二个要诀是，要在这个特殊的身心状态到达最高峰也就是最强烈的时候，设下诱因。如果你设得过早或是过晚，都可能会影响心锚的效果。所以，你要在最适当的那一时刻设下诱因。”

“可我怎么知道他是不是达到了那个最强烈的状态呢？怎么去很准确地估计这个时间呢？”阿福追问。

“问得好！所以，在你使对方进入那种兴奋状态的同时，需要细心观察对方的表情。如果你是通过提问的方式去引导对方进入状态，你要让让对方去多想一些细节，让他**看到、听到、感受到**当时的情景。当他到达了最强烈的状态，他的表情和肢体一定是很**专注**的，而不会是在东张西望、胡思乱想的。我刚才就是观察你的表情，看你已经非常陶醉在那种氛围里，也就是兴奋到最高点的时候，我才开始和你说那些话，做那些动作的，你想想看，是不是？”

“是。不过，那需要很好的观察力啊！”

“对！你需要有很**敏锐的观察力**。要掌握第一个要诀，你还需要有**很强的提问、引导的能力**。**观察力和提问引导能力，是实现好的沟通和发挥影响力的最重要的两种能力**。所以，如果你具备这两种能力，掌握了这两个要诀，你在与人交往的时候设心锚就会比较轻松一点。因为剩下的三个要诀相对来说比较容易做到。”

“还有三个要诀是什么呢？”

“**第三个要诀是，你所提供的诱因必须独特**。这一点很容易被忽略。当你把别人引导进入了一种特殊的状态，而且这种状态也很强烈的时候，你却没有提供一个很特别、很容易被辨别出的诱因，那你之前的努力可能都没有用。”

“怎么会呢？”

“因为你尽管提供了一个诱因，比如**看对方一眼**，或是**和对方握手**，但这些都太过平常了，因为可能每天都有人看他或是跟他握手。当你去启动这个心锚的时候，你也只是去看对方一眼或是握手，这时候对方的潜意识却不能够分辨出这个动作有什么特殊性，也没办法把它和那个曾经的特殊的身心状态联结到一起。所以，这样的心锚根本没有效果。你明白了吗？”

“我明白，那什么样的诱因才够独特呢？”

“其实，独特也是相对而言的。像看对方一眼、和对方握手我们认为它不独特，可是如果你是用某一种视角、含着某一种感情的眼神，也许就是独特的了。”

“你是说看的方式比较独特，是吗？”

“对啊，比如，有些父母经常会在孩子做错事情的时候用某一种发怒的眼神，并且从某个视角去看孩子一眼，这就可以在孩子心里设一个心锚。这对孩子来说是一个负面的心锚，这个孩子可能以后一看到父母的这种眼神，就会感到害怕，而不愿意和父母继续沟通。所以，这些最平常的语言或是行为稍加改变，也可能成为一个心锚的诱因。”

“有意思，我以后要找一个最特别的东西作诱因！”阿福兴奋地说。

“你以后可以自己去试试看。**第四个要诀是，相同的诱因必须持续出现一段时间或一定的次数。**这个很容易理解，因为你要去提供诱因，把这个诱因和对方的某种特殊的身心状态联结到一起。可是，这个过程如果你只做一次，可能这种联结并不十分稳固，所以，你需要多重复几次，才能使这种联结更加牢固。这样，你在启动心锚的时候，效果也会更好。”

“就像培养好的习惯一样，要不断地去重复，最后这个习惯才会很牢固，是不是？”

“对，一样的道理。**第五个要诀是，启动心锚时所提供的诱因，必须和设心锚时提供的诱因完全相同。**其实，首先你在设心锚的时候，每一次重复的那个诱因就必须是相同的，如果你在设心锚时每一次提供的诱因都不完全一样，甚至有很大差异的话，那你在启动心锚的时候肯定就不知道以哪一个为标准，效果肯定会不好。即使你在设心锚的时候做到了每一次都提供完全一样的诱因，可如果你在启动心锚的时候做的与那个诱因不完全一样，不准确，效果仍然不会好。”

“可是每一次怎么可能完全一样呢？”

“也许，做到完全一样确实很难，可你必须知道，你做的越准确，效果就会越好。这就是设心锚的五个要诀。你对每一个要诀掌握得好坏，都会影响到心锚最后发挥的效果。所以，如果你想在和人交往的时候设心锚，要时刻记住这几点。”

“我知道了！我以后一定去试试。只是我还不太清楚该在什么时候去用它”。

“其实，你在任何时候都可以用它！设心锚是一种非常有效的工具，我们可以把它用在生活的各个方面，来引发我们想要的反应。就像我们每个人身上都有**好的心锚**和**不好的心锚**一样，你也可以有意识地设一些**有益的或有害的心锚**给自己或是别人，比如你可以给自己设一个自信或伤心的心锚，也可以给别人设一个快乐或沮丧的心锚，只要你不断地练习使用，并且遵循一定的原则和方法，都可以实现。所以，我希望你不要**滥用它**或者**误用它**，尤其在与人沟通当中，使用不当，效果会适得其反。你明白吗？”

“明白了，我会很谨慎地去用的！放心吧！”阿福爽快地答到。

“好！来，我们碰一杯吧！”

我们喝干了杯中最后一口酒，静静地听着苍茫寂寥的歌声，而周围坐着的朋友们也在这样的歌声中体会着各自的心情，重温着各自的回忆。

每个人其实都是一个资源的宝库，都拥有使自己快乐成功或是孤独悲伤的资源，只是我们都需要一种东西来唤醒和激发出我们内心的力量。就像酒能让人愉悦或是忘情一样，心锚也能让人在瞬间振奋或是忧伤。心锚是一种烈酒，它可以是美酒，也可以是毒酒，要如何去为你和别人奉上一杯激荡心怀的好酒，就看每个人怎么去用好它了。

小贴士

设心锚的五大要诀

- 第一个要诀是，要使被设心锚的对象处于一种特殊的身心状态。
- 第二个要诀是，要在这个特殊的身心状态到达最高峰也就是最强烈的时候，设下诱因。
- 第三个要诀是，你所提供的诱因必须独特。
- 第四个要诀是，相同的诱因必须持续出现一段时间或一定的次数。
- 第五个要诀是，启动心锚时所提供的诱因，必须和设心锚时提供的诱因完全相同。

愿望九

洞悉他人的心路历程

要想知道未来，必须追溯过去。

心灵的地图：策略

岁末的严冬，整个城市是一片冰天雪地。可是，就是在这样冷酷的季节里，人们之间的关系却显得更加和谐与温暖了。或许是新的一年即将来临的缘故吧，每个人脸上都洋溢着兴奋和期待的笑容。

阿福兴奋异常地请我中午去公司附近的一家匹萨店去吃匹萨，尽管我对匹萨饼并不十分热衷，还是答应了他。

在充满节日氛围的餐厅里，阿福吃得非常尽兴，几乎忘记了我的存在。他大概用了不到一刻钟的时间就消灭了一大半九寸盘装的匹萨，而且都没怎么喝水。

“哦，阿福！你现在怎么变得这么能吃啊，瞧你那肚子！我想你应该减减肥了！”我半开玩笑地对阿福说。

“是啊！我也不知道为什么，最近胃口特别好！可能也是冬天冷的缘故，反正动不动就会觉得饿，就想吃东西！没办法，我女朋友也要我节食，可我好像控制不住自己！”阿福似乎有点不好意思，语气也很无奈。

“没关系，阿福。我教你一个方法，让你可以控制住自己的食欲。不过，你要先告诉我，你一般是在什么条件下才会有想吃的冲动？”

“什么条件？我不太明白你的意思。”阿福一边问，一边继续津津有味地吃着。

“我想知道的是，到底是什么刺激你，让你想去吃的？是因为你看到了什么？还是谁和你说了什么？还是你脑子里想起了什么东西？或者是其他的什么。比如，今天你约我来吃匹萨，你一定是想吃匹萨了，对不对？那在你有这个念头之前，你仔细想想，你心里的整个过程是什么样的？”

“哦，让我想想吧。应该是这样的，我今天上班的路上，**发现**在国贸那儿又新开了一家匹萨店。然后，到了公司在电梯里，正好**看见**一位

小姐在吃美味的匹萨饼，我就想去吃了。”

“你当时想到了什么？或者感觉到什么了吗？”我继续问。

“我想起匹萨的味道很不错，每次吃得很饱的时候都感觉很满足。我好长时间都没去吃了，而且我当时很饿。”

“所以，你就对自己说：那今天中午去吃吧！是吗？”

“应该是这样的，而且我打算叫你一起来吃。”

“好，那你以前想去吃其他东西之前，脑子里都是这样一个思维过程吗？”

“差不多吧！”

“OK，阿福！我们来整理一下你想吃的全过程吧。**首先，你看到了一个外界的东西**，当然是某个你自己爱吃的食物，或是和它相关的什么东西。**然后，你在这个东西的刺激下，开始在内心有了这种味觉的回忆**，你嘴里出现那种非常好的味道。对吧？最后呢，当你很真切地体会到那种好的味道的时候，**你开始和自己说话**，比如你说‘**我好久没去吃了’，或者是‘我饿了’**，所以‘**我今天中午或者晚上要去吃一次！’**是不是这样一个过程？”

“基本上是这样的。这样去分解有什么用吗？”

“有用啊！我刚才帮你分解的这个过程，实际上这就是你贪吃的**策略**！”

“我贪吃的策略？贪吃怎么会有策略？我又不想贪吃？”阿福忽然停下来不吃了。

“那你认为什么才应该有策略？”

“像做生意、理财，或者交朋友这些，我觉得有策略，因为他们是有目的的行为。贪吃又不是我的目的，怎么会有策略呢？”

“你说的有道理。像理财、交朋友这些当然都是有策略的，像做决策、情绪愉快、爱情甚至贪吃、沮丧、酗酒，也都是有策略的，只是很多人一直不知道而已。”

“我还是不太明白，那到底什么是策略呢？”

“**策略其实就是一个人为了实现某种结果，而在做事情时采取的一套独特的顺序**。当然，这个结果可能不是你想要的，比如沮丧、贪吃等。做这些事情时可能你也不是有意识的，比如就像你贪吃，你并没有要求自己去看什么或想什么，这些都是自然发生的。可是，无论是贪吃还是交朋友，你确实都是因为**按照一定的顺序**做了一些事情，才实现了这样一个结果。这是策略的本质。”

“哦，是这个意思，我基本上明白了。那我现在知道了策略，又怎么样呢？”

“知道策略我们就可以改变它，改变那个独特的顺序中某些环节的内容，来改变那个结果。”

“哦？是吗？也就是说，可以改变这个贪吃的策略，让我不贪吃？”

“对啊！我可以针对你贪吃的策略，把它中间的环节改变，让你不贪吃。因为不同的人对实现同一个结果的策略是不完全一样的。比如，你可能有你的理财策略，我也有我的理财策略，也就是说，我们对于挣钱、花钱、储蓄、投资，所采取的方法、顺序肯定不一样。同样的，比如，小东也许也很贪吃，那他可能和你的策略就不一样。”

“他会有什么策略?”阿福好奇地问。

“小东可能就不是像你那样，因为看到什么而心中涌现出那种感觉，然后对自己说了什么，就受不了了。他可能会是先闻到一种什么好吃的东西的香味，然后脑子里就出现一幅非常诱人的美味的画面，再接着他可能会用舌头舔一舔嘴唇，然后就想要去吃一顿了。你看，是不是顺序不一样?”

“是的。那是不是说，如果要改变他的贪吃策略和改变我的贪吃策略，方法就不一样?”

“对，我想说的就是这个。**要想改变或是运用某个人的策略，必须先找出他的策略，弄清楚他的策略的独特顺序**。好，我来帮你改变你的贪吃策略。你原先是因为一**看到**某个自己爱吃的食物，或是和它相关的什么东西，立刻就会在内心产生一种**味觉的回忆**，然后和自己**说**‘我饿了，我要去吃东西’，也就是说你是**先视觉、再味觉、最后对自己说**，对吧?”

“对啊。”

“现在，你可以把它改成，你每次一**看到**那些爱吃的东西或其他相关的什么，就立刻去想象在这个你爱吃的食物上面爬满了黑黑的蚂蚁，它们不停地舔着你要吃的美味。然后你嘴里会出现什么味道？可能是很苦、很恶心的味道吧？最后，你再对自己说‘好恶心啊！我一点都不想吃了！’你看，你仍然是**先视觉、再味觉、最后对自己说**，可是内容变了，结果也就不一样。这样，你就把你原来那个贪吃的策略变成了一个完全相反的策略——你的**节食策略**了。

“哦，就这样在脑子里这么想象一下，会有用吗?”阿福不大相信，尽管他听了我刚才的话，表情已经有些不大对劲了。

“你不信吗？好，现在你看着这剩下的一块匹萨，你能吃下它吗?”

“能啊!”

那你想象一下，在这一小块匹萨上，其实爬了很多苍蝇，这些苍蝇很大、很脏，一边爬，一边舔那些饼。你是不是还是很想吃呢?”

“啊！太恶心了!”阿福的表情很痛苦，一边说一边吐着舌头。

“没关系！你可以想象那样的画面，多想几遍。你现在还想吃吗?”

“不想了！你别再说了，我都要吐了!”阿福真的像是要吐了，用手捂着嘴。

“你看，我这是帮你把你的贪吃策略改换了一下内容，你现在是不是对匹萨一点胃口都没有了？我只不过让你重复做了两遍这样的策略改变的试验而已，如果你再多重复几遍，你可能以后一看见匹萨就立刻想吐，你想会不会?”

“真的有可能。看来，策略这个东西还真的很有用啊!”

小贴士

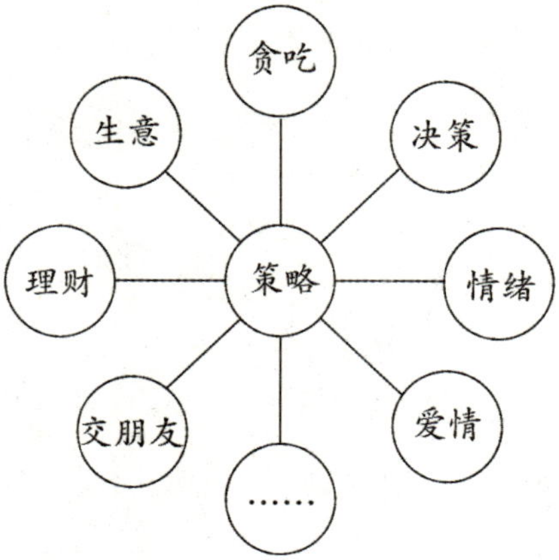

探索爱的策略

“对，策略的用处太多、太广了。你知道了你的贪吃策略，你现在可以改变它，来节食、减肥。如果你知道了你情绪沮丧的策略，你也可以改变它，来让自己心情愉快。你要是知道了别人的交友策略，你可以轻松的和别人交上朋友。还有，比如父母如果知道了孩子的学习策略，就可以让孩子把他不喜欢的学科变为喜欢的学科；销售员如果知道了顾客的购买策略，他也能很有效地让顾客从不买变成买，等等。最厉害的要属关爱策略了，你如果知道了一个人的关爱策略，你可以很快地让一个人感觉到你对他的关心和爱，可以避免和对方发生沟通的误解和障碍。”

“哦，关爱策略是什么样的？”阿福问。

“我就知道你一定会对关爱策略感兴趣。**关爱策略，指的是一个人感受到别人给他/她关爱的某种方式，也就是说一个人要想实现感受到别人的关爱这一结果，需要别人要对他/她做的事情以及事情的顺序。**

一般来说，**关爱策略没什么顺序，因为它通常就只有一步**，也就是别人做的那件事情，比如，说一句话，看一眼，或是触摸一下。”

“只有一步？那不是很简单吗？”阿福兴奋地说。

“一步是不难，但是你要想很准确地知道一个人的关爱策略也需要一些技巧。”

“是吗？需要什么技巧呢？”

“好，我先问你，你希望能更好地让你的女朋友感受到你对她的爱，那你知道她的关爱策略吗？”

“不知道。”

“那如果你现在想知道，你会怎么做呢？”

“直接问她，我要做什么才能让她感受到我对她的爱。”

“你这么问也许她会生气，因为作为男朋友，怎么做应该是你自己去琢磨的，你怎么能去问她呢？即使她不生气，而且愿意去和你共同去探讨，可能结果也不会让你满意。”

“为什么呢？”

“因为，她自己可能也说不清楚，你要做什么她才能感受到你的爱，因为大多数情况下我们感受关爱的时候都是无意识的。就好像你觉得这里的匹萨饼好吃，你去问厨师你是怎么做的，他可能会说他也不记得各种成分的用量了，你一定感到很失望。这很正常，因为他是凭直觉和经验去做的，他当然说不出那些成分、用量和工序。假如，你现在就是想学着自己做匹萨，而且要味道和这里的一模一样，你怎么办？”

“我不一定要问他，我可以让他做给我看一遍！”

“很好！你一下子就想到了这个最简便有效的方法，让他去演示给你看。把他请进厨房，再做一块匹萨。这回，你只要照着这位厨师做匹萨的全部程序，记下每一步都做了什么，每种原料成分和用量，就 OK 了，对吧？”

“对啊！”

“好，你让厨师做一遍给你看，你就明白这个美味的匹萨的做法了。你实际上是在了解他做匹萨的策略。同样的，现在想知道你女朋友的关爱策略，你可以用同样的方法。”

“让她被人关爱吗？”

“不，让她去重温那种被人关爱的感觉。你还是要去问她问题，可不是像你所想的那样问。你要通过提问来引导她重新进入那种感受到被人关爱的状态。”

“是不是和设心锚时，要引导别人进入某种状态一样？”阿福忽然想到了前几天学到的心锚。

“差不多，其实**关爱策略就是一种心锚**。所以，就像设心锚的时候你做的那样，你开始可以这么问：‘你过去有过被人关爱的经验吗？’如果她说有，那么你继续问她：‘你还能记得当时的情况吗？能不能描述一下？’在她开始描述的时候，你就要开始引导她去回忆，到底是哪种方式让她感受到被关爱的。”

“你所说的方式是什么意思？”

“就是我以前和你讲过的感官方式。人们通常用的是视觉、听觉、感觉三种，而每个人倾向于接收和储存信息的方式不一样，在感受关爱的偏好上也不一样，有的人喜欢别人送他礼物，带他出去玩或者只是很深情地看着他，他就能感受到别人的关爱，这些人是**视觉型**的；而有的人则喜欢别人对他说体贴关心的话，他才能感受到温暖，这些人是**听觉型**的；还有一些人喜欢别人用触摸、拥抱等这些方式来表达关爱，他们是**感觉型**的。所以，不同类型的人对关爱的感受是不同的，你在引导的同时，就要去问她到底别人做了什么，用这三种方式中的哪一种来让她感受到关爱的。”

“也就是测出她属于哪种类型的，是吧？可每个人感受关爱的方式就只有一种吗？”

“当然，我们对别人用这三种方式表达出的关爱，肯定或多或少都会有感觉。同时，我们每个人往往都具有倾向性，也就是对某一种方式有偏好。关爱策略实际上是一个人**最**能感受到的一种关爱的方式，明白了吗？”

“明白了。那知道是某种感官方式就行了吗？”

“你能测出这些其实就已经很有用了，当然如果你想更确切地知道她的关爱策略，可以再继续问她问题，引导她说出一些更细的感受。比如，如果她是视觉型的，你可以问她到底对方是用什么眼神看着你，或者送了她一个什么样的礼物；如果她是听觉型的，你可以问她对方是用什么口气、语调和音量和她说话的；如果她是感觉型的，你可以问她对方用了什么样的触摸方式，触摸了她身体的什么位置。”

“哦，也就是去问出一些更为具体的东西。”

“对，你知道得越具体、越准确，你测出的关爱策略就越完整，你去运用她的关爱策略时就越容易得到你想要的效果。”

“你说可以运用她的关爱策略，是怎么一回事呢？”

“**运用关爱策略，就是你用她最能感受到关爱的那种方式去表达你的关爱，让她更深切地感受到你对她的关爱**。实际上，你之所以要去测出她的关爱策略，目的就是为了这个。你难道不希望能让你的女朋友非常真切感受到你很爱她吗？”

“当然想了。”

“所以，你回去可以花一些时间去测出她的关爱策略，以后就按照她喜欢的方式去表达你的爱，这样多好！”

“是啊！可是，真的很少有人会做这样的事情，我觉得突然问这些东西，有点莫名其妙！”

“你有这种感觉很正常，因为你还没有习惯去测知别人的策略。我们中的很多人，从来都不愿意花一点时间去弄清楚别人的关爱策略，即使是自己最爱的人也不太关心。在你追她的时候，你可能会很积极，各种策略都会用到，而且总有一种是她喜欢的，她会觉得你很爱她。可其实你根本不清楚她的关爱策略是什么，等到你们恋爱了很长时间，彼此熟悉了以后，你们就开始用自己的方式表达爱了，用自己最能感受到爱的方式去表达爱，结果可能对方都不领情，于是感情就开始走下坡路了。你想想看，是不是这样？”

“唉，真的是这样。我的策略和我女朋友的策略就不一样，我应该是感觉型的，所以我喜欢去触摸她、抱着她、亲吻她；而我女朋友可能比较倾向于视觉型，她老是要我给她买花、买小首饰，或者带她出去玩。所以，我们经常会出现一些矛盾。比如，我下了班约她吃饭，见了面就想抱抱她，亲她一下，因为真的是很想她啊！她有时候就不高兴，说我毛手毛脚的，怪我又没买花或者什么礼物的送给她。我总觉得那些东西不算什么，根本就表达不出我对她的感情，可她就是喜欢那些，我有时候就会说她虚荣什么的。反正，我们很少去顾及对方的需要，去考虑对方关爱的策略，而且根本没想过要去了解对方关爱的策略。”

“像你们这样的情侣太多了！其实，我们只要去多了解一点对方的关爱策略，两个人完全可以相处得很好，甚至比他们刚恋爱的时候还要好，只要他们懂得运用对方的关爱策略就行了。”

“是，我回去一定要测出我女朋友的关爱策略，这真的太重要了！”

“你当然应该去好好研究一下她的关爱策略。同时，你也可以仔细想一想你的关爱策略到底是什么，然后主动地告诉她，这样你们都能够更好地去爱对方和感受到对方的爱了。这不是更好吗？”

“哦，太好了。我知道该怎么做了！”

激励与说服的捷径

“其实，策略在我们的生活中是无处不在的，我们每个人在处理很多事情的时候都有策略，只不过有的我们自己没有仔细去找出它而已。”

“那在人际沟通中也应该有一些策略了？”

“当然有了，我们刚才说的这个关爱策略，其实就是策略在人际沟通中的一种运用。其他的策略还有很多，比如激励策略、购买策略、决策策略等。如果你测出了别人的这些策略，你就可以更好地激励他或是说服他，更好地和他打交道。”

“哦，那我要测出别人的这些策略，是不是还是要先去提问，然后引导他重新回到某种状态呢？”

“没错！我们要测知别人的策略，用的都是这样一套方法，也就是通过提问并引导，一步步地分解，来整理出他内心运作的独特顺序。比如，我现在想更有效地激励你，所以我想知道你的激励策略是什么，我就问你：阿福，你有过那种很受鼓舞、很有干劲的时候吗？你能描述一下当时的情景吗？你能不能仔细回忆一下？”

“有。我记得上高中的时候，有一次期末考试，我因为感冒，历史来不及复习了，当时我就心里特别难受，根本就看不下去，想放弃了。我父亲就走到我旁边来，**用力地拍了拍**我的肩膀和胳膊，然后**说**‘还有机会，振作一点，一定会考好的’。我一下子就来精神了，因为感觉到父亲很爱护我，而且觉得真的还有希望，所以要继续认真复习。”

“你当时脑子里面有什么画面吗？或者你和自己说了什么话吗？”

“应该没有什么画面，不过我那时是在**跟自己说**‘一定要坚持复习下去，我还有机会，不能让爸妈失望’之类的话！”

“好，现在我就了解到你的激励策略，它是这样的：首先，**你父亲用手拍一拍你的肩膀和胳膊**，让你有被关爱的感觉；然后，**他又对你说了一些鼓励的话**，你开始在心里感觉到一种行动力；最后，**你对你自己说了一句话**，决定马上采取行动。这就是你那一次受到你父亲激励的全过程。对吗？”

“是的，差不多就是这样。”

“所以，你受激励的策略是：**先有外部的触觉，然后是外部的听觉，最后是内心的语言，也就是和自己说话**。如果我现在想要激励你好好工作，我就可以运用你的策略来达到我的目的。比如，我也可以先拍一下你的肩膀、胳膊或是手背之类的地方……”我说着马上起身拍了拍他的肩膀。

“……阿福，你一直干得很出色，继续努力，你一定可以做得更好！”我用一种很诚恳的语气开始激励阿福。他愣了一下，接着很认真地点了点头。

“阿福，你刚才听我这么说，有什么样的感觉？是不是更有工作激情了？”

“是，确实觉得一下子更有冲劲了，尽管我知道，你只是在给我演示如何运用激励策略。”

“这就是策略的力量！你很难抗拒这样的激励方式，对不对？同样的，如果现在我不是要去激励你，而是要说服你去作某个决定，我仍然可以运用你的**决策策略**，让你无法抗拒我的说服方式。”

“也就是说，你先了解到我是如何作决策、下决定的，然后针对我决策的方式说服我，是吗？”

“对。因为，**每个人在作某个决策的时候都有一套比较固定的思维顺序或者说是模式。尽管，你在作不同类型的决策的时候可能有不同的策略，可是对于同一类型的决策，我们一般只有一种策略。**”

“你是说一个人的决策策略会有很多种吗？”

“是啊，比如你作买书的决策可能有一个策略，作出去旅游的决策可能有另一个策略，这两个决策策略是不一样的，懂了吗？”

“我明白了。那我们要去了解一个人的决策策略，还应该看是作哪一种决策，是吗？”

“对，我们可以举一个简单的例子。比如说，我想约你明天晚上一起去看大卫·科波菲尔的魔术表演。可能开始的时候，我对于你会不会决定去看心里没有多少把握。所以，我想先了解一下**你在看大型表演类似的事情上的决策策略**是什么样的。我就问你，阿福，你以前看过什么大型的表演，比如歌舞或是演唱会什么的？”

“哦，我很少去看大型演出，只是去年听过一场钢琴音乐会，真的很棒！”

“好，那是什么原因促使你想去听那场音乐会呢？”

“我那段时间其实特别忙，因为工作的原因，压力很大。所以，尽管忙，但还是想找一些时间去很好地放松一下自己。”

“然后，你就想去看演出了，是吗？”

“没有。我是在地铁的广告上**看到**那个钢琴音乐会的海报的，我**觉得**应该会很精彩。刚好那时候，我的一个好朋友来看我，也向我**介绍**了这个音乐会，并且让我去听一听，感受一下。我就**决定**去了，我想可以去尝试一下，体会一下那种氛围，尽管票价不低，我觉得值。”

“OK。你看，你一下子就告诉了我你的全部的决策策略。你的策略是这样的：第一步，你感觉工作的压力太大，有一种想好好放松一下的想法。第二步，你看到了那个音乐会的海报，预想到应该会很不错。第三步，你听到了你的朋友介绍这个音乐会，有了想去听音乐会的冲动。第四步，你在内心里对自己说‘可以去尝试一下’，最后你决定去听这个音乐会。所以你的决策策略是：**第一步是内部的感觉，第二步是外部的视觉，第三步是外部的听觉，第四步是对自己说话，**对吗？”

“对，基本上是这样。”

“好，我现在了解到你的决策策略了，我想要让你答应和我去看明天晚上的大卫·科波菲尔的魔术表演，我可以这么做。我先和你谈一谈你最近的工作情况，让你体会到工作的压力，勾起你想去放松的欲望。其实，你现在工作的压力真的不小，经常加班到特别晚，有必要去调节一下自己，对不对？”

“是啊！”

“好，接下来，我就给你看一张报纸上大幅的大卫·科波菲尔的表演的海报，你一定会觉得值得一看的，对吧？”

“可能！”

“给你看的同时，我会向你郑重推荐这场演出，因为它非常神秘，你能感受到那种很奇妙、很刺激的气氛。所以，你听我介绍的时候就会有一种想去看的冲动了，对吧？最后，当你犹豫不决的时候，我就提醒你：你可以去尝试一下，尽管票价不低，可是很值。你去体会一下，如果我是这样去邀请你的，你是不是不太容易拒绝我？”

“是的，我觉得如果你真的用这种方式说，我多半会决定去看！”

“是吧，因为我运用了你的决策策略，所以我很有针对性的说服了你。如果我就直接告诉你，明天有这么一场表演，很精彩，我想你大概很难动心，对不对？”

“我想是这样的。”

“这还是策略的力量！所以，你以后可以慢慢地去发觉，去体会策略。它们暗藏在我们生活的各个方面，需要你耐心、敏锐地去研究和运用它们。这对于你人际沟通能力的提高有很大帮助。”

“是啊！我真的越来越觉得策略太重要了。不过，要用好它，我想并不容易。”

“对，因为你从来就没有意识到这个东西，所以你会不习惯。你不习惯去了解你女朋友关爱的策略，你也不习惯去用别人的决策策略去说服别人。现在，你了解到策略的存在了，你就要有意识地去锻炼自己测知然后运用策略的能力。能力是被锻炼出来的，你明白吗？”

“明白，我知道该怎么做了！”

“是吗？那太好了，不过，你还是先想想怎么用好你的节食策略吧，你这一顿吃的可不少啊！我看，你就应该把这个当作你运用策略的开始！”

“哦，好吧！先减减肥再说吧！”

阿福看了一眼盘子里剩下的那一小块匹萨，似乎又有点蠢蠢欲动，不过最后他还是忍住了。不管怎么样，我想这应该是阿福吃的时间最长、味道最怪的一顿匹萨了吧！或许，他今天体会到的更多的是学习和成长的乐趣，而这些是我们生命中更好的美味。

愿望十

沟通提升生命的品质

忍耐虽然痛苦，果实却最香甜。

沟通品质决定生命品质

很幸运，阿福确实在控制他的食量，我猜想这是他的节食策略在发挥力量。而他的工作激情并没有随着食欲降低而减下去，尤其是在这一年的最后几天里，他和他的伙伴们为公司里带来了从没有过的愉快而高效率的工作氛围。

圣诞节的前一天，我让所有的同事在平安夜抽出半个小时的时间，写下他们这一年来的收获和教训，如果他们愿意，可以把写下的东西发Email 给我。

第二天一早，我收到了公司所有同事的圣诞祝福和礼物。在我的电子信箱里，我看到了阿福、玛丽、莉莉和小东等人的 Email。我很惊讶，他们竟然都感觉到了公司现在的那种非常愉快而高效的工作氛围，并且认为这是他们心中最完美的工作空间。

我感到很高兴，我知道这是一种高品质的沟通所带来的必然结果。我们每个人都做了很大的努力，尤其是阿福，他在不断提升他的沟通品

质，而且用实际行动影响并带动了所有的同事。关于人际沟通，阿福这一年来的感触一定很多。

阿福敲响了我办公室的门，这是我意料到的，我知道当他去回想这一年的收获时，心中一定很难平静。

“阿福，你昨晚一定想了很多吧？”

“是的，我几乎一直回想到了我的大学生活。因为从我刚上大学那个时候起，我就一直在思考怎么样才能生活得更快乐、更成功。”

“那你现在知道了吗？”

“我想，有很多生活的法则、成功的秘诀我还是不知道。可我知道一件事，那就是当我和周围的人有非常好的关系的时候，当我的沟通没有问题的时候，我觉得心情很愉快，我觉得我肯定会成功！”

“你真的这么想？你觉得你的生活在一天天变好吗？”

“是的，比起刚进公司的那段时间，我认为我现在的生活品质有了很大的提升。而这段时间，我最大的进步就是我的沟通能力，我越来越懂得怎样和周围的人更好地相处了，每一天我都觉得很充实。”

“很好！因为你在不断地把我教给你的沟通方法用到你的生活和工作中，所以你有今天的这种心情是顺理成章的。你知道吗，公司的其他同事，像莉莉、小东他们都和你有一样的感觉，尽管我并没有刻意去教他们什么。这种好的沟通方式是有感染力的，在彼此之间散播，最后形成一个非常和谐的沟通氛围，这真的是一件很美妙的事情。”

“是吗，真的太棒了！”

“所以，你看，现在你因为沟通品质的提升，整个生活甚至生命的品质都在慢慢地提升，你已经能够感觉到了，对吧？而我们的团队呢，因为整个团队沟通品质的提升可以形成一种非常和谐的沟通和工作氛围，最后带来的是轻松愉快而且很有效率的工作状态，这同样能够提升一个团队的工作品质。**我们沟通的品质决定了我们生命的品质**。你想想看，是不是这样？”

“是，我同意这个观点！”

“你现在肯定能体会到这句话的意义了。同时，我要提醒你的是，这里说的**沟通**并不仅仅是**人际沟通**，它还包括**自我沟通**，这非常重要。你知道：**一切沟通都是从自我沟通开始的，自我沟通是你实现良好沟通的第一步**。”

“哦，你最开始和我谈的就是自我沟通，我当然记得。”

“你能记得太好了。所以，你要牢记这句话：你的沟通品质决定了你的生命品质。因为，你每一天不是在和别人沟通，就是在和自己沟通，如果你不懂得沟通，你的生命肯定会有很大的问题。这个道理其实很简单。你说呢？”

“确实是这样。我想，懂得这个道理也许并不难，可要做到真的很不容易。”阿福感慨地说。

小贴士

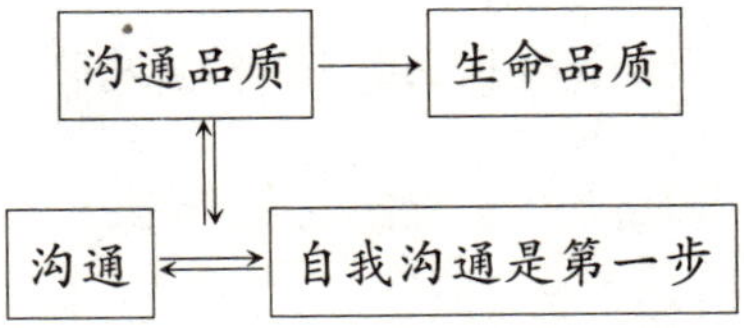

唯有成长是快乐

“确实不容易，学习沟通和学习其他技能一样，需要一个过程。这个过程可能很艰难，甚至会有痛苦，这都很正常。你小的时候学走路，肯定也会摔很多跤，摔在地上的时候肯定也会觉得很疼，可父母不会因为你摔了跤就不让你学走路了吧？同样的道理，一个人去学沟通也会碰到很多困难，可能会遭受一些打击或是挫折，这些也很正常，你觉得呢？”

“对，不过，我有时候确实会觉得力不从心，不知道怎么去在实际的生活中用那些技巧。我一直在整理你教给我的这些 NLP 沟通技巧，我也经常会去复习。可我还是不能很熟练地用一些技巧，像心锚、策略那些比较难的技巧。”

“其实，你应该尽量把那些技巧忘掉，你只要记得那些技巧的精神实质就可以了。学习沟通不是要去了解和记得那些条条框框，**了解和记忆只是学习的第一步而已，也就是认知阶段**。你要在了解这些技巧之后，进行**第二步——练习**，也就是一个人或是和几个人一起去演练，这还不是实际的应用，只是模拟生活的场景。**第三步，你要开始去在实际生活中去使用它**，如果你不去用它，即使你练习的很熟练，也是白费。**第四步，在应用的同时完善你的技巧，融会贯通，使这些技巧变成你的能力**。到这个时候，那些技巧才真正成为你的能力，你可以不需要刻意去考虑怎么用它，也能很自然地就把它用出来。**最后，到了第五步，你在融会贯通的基础上继续精益求精**，这时候，你就是沟通的专家了。这是任何一种学习必须经历的过程，每一步都是不可以忽视的。尤其是前三步，它也许是最难熬的。因为实际上是在培养一种新的能力和习惯，打破旧的习惯总是很难的，不是吗？"

"是啊！看来我还是练习和使用的不够，特别是对于那些比较难的技巧，我可能还是停留在理解的阶段，很少去练习和使用。"

"你越不去练习你就越不可能学会。同时，我还要提醒你的是，**不要孤立地使用某个技巧**。因为这些技巧本身就不是孤立的、没有关联的。比如，你要去掌控一场谈话，你光注意要多倾听、多提问，却忘了要去做镜面映现，那对方可能觉得你虽然在听他说话，但是就是感受不到你有亲和力，那就不可能是一场好的谈话。再比如，你想给某个人设心锚，可你不去和对方建立亲和力，不去进入对方的频道，一味地用自己的方式去和对方说话，怎么可能给对方建立心锚呢？你好好想想这个问题。"

"你说得很对！我有时候可能就太孤立地去考虑使用某个技巧了，

忘了一些最基本的沟通技巧，所以效果总是不好。”

“你现在明白了吧，其实你不大可能孤立地使用某一个技巧，因为技巧之间是有层次差别的。像**建立亲和力就是最基础的技巧**，无论你是要和别人交谈、了解对方的人格特质，还是要设心锚、测知别人的策略，你都要先和对方建立亲和力。它是沟通的基本功，就好像练武要蹲马步一样。所以，我让你花很长时间去练习建立亲和力，原因就在这里。”

“哦，我明白了！我一直忽略了这个技巧的层次问题，有点本末倒置了。”

“没有关系，初学的人往往都会忽略这个，你现在了解了，就要在以后的练习中去修正你过去的一些做法。不管怎么样，其实你都应该觉得很快乐，因为你在不断地进步，同时你还有一些不足，需要你去完善，使自己变得更出色，这不是很好吗?”

“对，如果真的完美无缺，不需要去完善的话，可能也觉得没什么意思了!”

“其实，一切都是为了让自己能够有所成长，让生命更成熟、更完善。成长是快乐的，能让你感到满足。你要是这样想的话，就会觉得挫折和困难也是很有意义的！对吧?”

“你说得太对了!”阿福异常欣喜。

小贴士

学习的五个步骤

- 第一步，了解和记忆只是学习的第一步而已，也就是认知阶段。
- 第二步，练习。
- 第三步，你要开始去在实际生活中去使用它。
- 第四步，在应用的同时完善你的技巧，融会贯通，使这些技巧变成你的能力。
- 第五步，你在融会贯通的基础上继续精益求精。

一切从心开始

看着阿福兴奋的样子，我突然想到今天是圣诞节。我想起那些美好的祝福和一路上看到的行人的笑脸，心中充满了温暖。

“阿福，今天是圣诞节。每年的这个时候我都在想一个问题：在这样的节日里，人们之间的争吵和冲突会不会少一点，甚至少很多。”

“我想肯定会少很多的，谁愿意在过节的时候去吵架呢？”

“平常人们也不愿意吵架啊！为什么在过节的时候会少呢？”

“因为人们都很开心，而且即使有了冲突也不想去破坏节日的气氛。”

“你说得很对，因为人们在这一天很开心，我们的心情很好，因为心中怀着爱和感激之情，所以我们想不到要去和别人吵架。还有就是，我们愿意在这一天为了维护一个好的节日气氛而克制住自己，不让自己生气和吵架。这给了我一个启示。”

“什么启示呢？”

“我们既然可以在节日的那一天做到和别人有很好的沟通，我们为